チーム力で
生産性185万円！

顧客0《ゼロ》から創り上げる経営の仕組み

森腰菜々絵｜佐藤真由子
［Capullo Group］

はじめに

森腰菜々絵

私は美容師ではありません。だからこそ美容師を心から尊敬しています。なぜなら20歳そこそこの人が年配のお客さまの施術を1時間以上、ONE to ONEでできるんですよ！　しかも初対面の方に触れることもできる！　同じ年の頃、自分は何もできなかったと思います。

美容師の仕事であるヘアメイクとは、七五三、入学式、卒業式、成人式、結婚式といった人生の節目を彩ります。ヘアメイクを少し変えるだけで、「人生が変わった！」と思えるほど、美容には人を元気にする力があると認知されています。

私は昔から美容室という空間が大好きでした。シャンプーをしてもらったり、ヘアスタイルを変えたり、今もリラックスして気分転換するのに最高の場所なのです。リクルート在社時代によく、将来のビジョンについて社内でプレゼンする機会があったのですが、「私は美容室を開業します！」と話していました。当時を知る人は、本当に有言実行したねと言ってくれています。

コロナ禍の中、長年がんの闘病をされていたお客さまが緩和ケアに入られる前に、「どうしてもカプロへ行きたい！」とご来店くださったことがありました。歩くのもままならないのに楽しみにしていらしてくださり、きれいになられて笑顔でお帰りになるのを見て、込み上げてくるものがありました。そして改めて美容の力の素晴らしさを知ったのです。人々の生活や心を豊かにする美容の力は計り知れないものがある、だからこそ国家資格なんだと。

ところが、なぜか日本では、美容師は憧れの職業ではありません。どちらかというと「ブラック」なイメージが付きまといます。その理由の一つは、美容師の低収入にあるでしょう。一般会社員の平均年収の足元にも及ばないのは、国家資格なのにおかしいですよね？　もう一つは、キラキラした美容師が少ない！　サロンワークが長い上に、技術取得のために夜遅くまで練習する、休みの日も技術革新に付いて行くため研修に費やす。拘束時間が長くて、皆疲れているんですね。

そして、自分の技術やステータスを「もう、こんなもんでいいか」と思った瞬間にどんどん淘汰されていきます。美容室の店舗数はコンビニの5倍以上とも言われていますし、美容師も増えすぎている状況ですから、完全な飽和状態にあるわけです。サロンはオープンしてもすぐ潰れていきますし、美容師も職を失う危機にさらされています。美容室や美容師は、日常的に「あそこがいい！」「あの人はだめだ！」とふるいにかけられ、ひいきされなければ生き残れないという厳しい世界で闘っています。もともと美容室を愛し、美容の力に魅力と可能性を感じていた私は、そんなふうに美容室や美容師が疲弊するのはおかしい！　頑張る美容師たちを応援したい！　と思ったんです。そんな折に共通の友人を通して、佐藤と出会いました。既にやりたいスタイルの構想を持っていた佐藤と意気投合し、自分たちの理想のサロンをつくろうということに自然と進んでいきました。

「美容師と美容室の社会的地位を向上させたい！」「私たちの会社で働くことでステータスを感じてもらいたい！」「努力が必ず報われる会社にしたい！」「親御さんの自慢の娘さんになっても

らいたい！」その決意を胸に、今から約8年前にカプロを創業しました。

とにかく美容業界が「ブラック」だと言われてしまう原因である、低賃金や待遇の悪さを改善するにはどうしたらいいかを考えました。まずは無駄を省いて、生産性を高めるしかない！↓そうすれば、スタッフへの還元ができ、待遇もステータスが上がるはず！↓　だから、生産性を高めないと何も始まらないのだ！　と突き進むことにしたんです。

カプロが〝生産性〟という指標にこだわる理由をご説明しますと……

生産性とは「店全体の売上÷スタッフ数」です。店の売上はスタイリストだけがつくっているのではなく、1年生のシャンプーマンも含む全員でつくっているのです。そう考えると必然的にチームワークが芽生えます。誰一人欠けてはならない唯一無二の存在、そう考えることが本当の意味で美容師の価値を上げると思いました。つまり、

1　一人でも多くのお客さまや仲間に必要とされることで、やりがい（居場所）を感じる

2　しっかり対価（お給料）をいただき、キラキラ輝く美容師になり、憧れの存在になる

この考え方が全てのベース・指標になっています。これから先を読み進めていただく上で、これを念頭に置いていただけたら、分かりやすいのではないかと思います。

こんなに美容室が溢れかえる中で、お客さまが来てくださることがどんなに奇跡か。たくさんいる美容師の中から、店を代表して自分が担当させてもらえることは何を意味するのか。人に必要とされることがどんなに有り難く、幸せなことか。私たちは、この大切な思いを絶対に忘れてはいけないと常に戒めています。そうすることでサロンワークや練習に取り組む姿勢や言動、立

ち振る舞いが変わってきます。ほとんどの美容師が、誰かに頼まれてなったわけではなく、自分で決めて美容師になったはず。初心を忘れてはいけません。

カプロメンバーも、佐藤をはじめとして最初から皆スペシャリストだったわけではありません。みんなくすぶっていた美容師でした。入社当初はこれまでのサロンとのギャップに苦しみ、言い訳して逃げ出したい！　と思っていた人がほとんどです。でも逃げ出さなかったことで、今まで想像すらできなかった自分に変化できました。何が変わったのか？　それは「思考＝マインド」です。もともと名古屋のトップサロンでも、売上が最高３００万円にも達しなかった佐藤が、桑名市で７５０万円を上げることができたり、美容業界から逃げて別の仕事をしていた増田が、今では店長として新規出店を次々成功させていたり、カットをしたくなくて美容師を辞めようと思っていた亀田が、マツエク部門を1人で立ち上げて、1カ月２６０万円の個人売上を達成できました。「カプロのスタッフさんはみんな、なんかキラキラしてますね〜」と言われることが、何よりもうれしいです。

スタッフ全員が本気になって、チーム力で仕組みを回したら、高い生産性を実現することができました。当たり前のことを当たり前に信じてやり続ければ、必ず結果が付いてくることをカプロのみんなが証明してくれました。これからお話しするカプロの仕組みや考え方が、頑張っている全国の美容室経営者の皆さまと美容師の皆さまに、少しでも役に立つことがあればうれしいです。そして、一緒に日本の美容業界の価値向上のために、頑張りましょう！　と声を大にして言いたいです。

カプログループについて

カプログループは、２０１２年12月、一般企業で営業・マネジメントのキャリアを積んだ森腰菜々絵が経営を担い、愛知県や三重県で美容師としての経験を重ねた佐藤真由子がサロンワークや教育を担うという役割分担の上で、２人が共同代表として創業しました。現在、三重県桑名市内に5店舗と、大阪府豊中市と兵庫県芦屋市に各1店舗を開業。三重県の5店舗は、半径約50メートルの範囲にほぼ隣り合って立地する超ドミナント戦略を展開し、うち1店舗は、トータルビューティサロンを運営しています。

全ての店舗が半個室で、１店舗当たり4席以内と決めています。これは、「サロンではゆっくり過ごしたい」というターゲット層のニーズに応えるためです。

顧客ゼロからの新規エリア進出（兵庫県芦屋市）では、オープン2カ月で生産性１００万円を達成。また、コロナ禍の２０２０年12月には全店舗で、過去最高の生産性１８５万円を実現しました。チーム力を持ち味に、地域にとらわれない仕組みづくりを積み重ねてきた結果が形となりました。近年では子会社である株式会社カリタプランを設立し、オリジナルの商品開発、スクール事業、コンサルティング事業、店舗設計・店舗デザイン、独立開業支援なども手掛けています。これらの取り組みを通して、お客さまの美意識や美容業界全体が向上する、そんな未来を切り開いていきたいと思っています。

Capullo Group History

2012年12月	Capullo.Co(三重県桑名市)オープン
2013年10月	株式会社sette felicita設立(法人化)
2013年12月	Capullo.Hanare(三重県桑名市)オープン
2015年8月	トータルビューティサロン Capullo.Beau(三重県桑名市)オープン
2016年4月	SAI.teppan(三重県桑名市)オープン ※飲食店
2017年6月	Capullo de Quatre(大阪府豊中市)オープン
2017年12月	オリジナルブランドSinデビュー
2018年11月	Capullo Wu(三重県桑名市)オープン
2019年6月	株式会社カリタプラン設立
2019年9月	SAI.teppan 天神橋(大阪府大阪市)オープン ※飲食店
2020年10月	Capullo. Ashiya(兵庫県芦屋市)オープン
2020年10月	Capullo. de Sette.(三重県桑名市)オープン

CONTENTS

CHAPTER 4

高生産性サロンの店販 94

CHAPTER 5

高生産性サロンの働き方改革 108

CHAPTER 6

高生産性サロンの人材育成 128

CHAPTER

0

〝生産性185万円〟
サロンの

「常識」
と
「非常識」

コロナ禍でも減収なし売上・生産性共にアップ

美容室あるある

□コロナ禍では前年比売上ダウン

↓

カプロでは…

☑コロナ禍でも前年比売上150%アップ

☑コロナ禍の2020年12月、過去最高の生産性185万円（※）を達成

（※生産性＝総売上÷スタッフ数）

カプロ創業の際、まず私たちが取り組んだのは、一般的な美容室でまかり通っている常識を「美容室あるある」としてリストアップし、既成概念をなくすことでした。その中でお客さまにとって必要でないものや改善すべきものは、常識を打ち破るようにどんどん変えていきました。

CHAPTER0では、一般的にありがちな「美容室あるある」と、カプロとの違いを浮き彫りにしていきます。CHAPTER1以降の本編に入る前の序章として、私たちカプロのことを知るきっかけにしていただければと思います。

コロナ禍により、カプロでも、感染防止対策やこれまでのサロンワークの見直しを余儀なくされました。実際に、お客さまの「来店周期」は伸びています。

でもその一方で、当社ではお客さま1人当たりの「顧客単価」がアップし、新規のお客さまも増加、毎月の新規顧客集客は創業当初から20％以上を継続しています。

2020年12月には、1人当たりの生産性が185万円と過去最高を記録し、2021年3月の実績では売上・生産性共に前年比150％を超えました。とてもありがたいことです。コロナ禍でも業績を伸ばした理由は何か、これには大きく3つの理由があると考えています。

カプロがコロナ禍でも売上を伸ばし続けている理由

1　全店・全席半個室

2　Withコロナの新しい生活様式にマッチした新メニューの提案

3　Withコロナのホームケアや心と身体の悩みに応える店販品の開発・導入

3つの理由の詳細は、CHAPTER1以降で紹介していきます。

ノルマなし、売上目標なし自主活性型サロンシステム

美容室あるある

☐ 毎月（毎日）のノルマあり

←

カプロでは…

☑ 数字目標やノルマはなし

美容室あるある

☐ 店販アプローチ数やロープレ回数などを管理

←

カプロでは…

☑ 店販アプローチ数のノルマなし、ロープレは行わない

美容室あるある

□ モデルハントのノルマあり

↓

カプロでは…

☑ モデルハントのノルマなし（モデルはスタッフからの紹介かアプリでの募集が中心）

美容室あるある

□ 自主的に行動せず、言われてもすぐ実行しないスタッフがいる

↓

カプロでは…

☑ 自主的に行動する思考を共有

☑ 決定したことはすぐ全員で実行する

一般的なサロンでは、年間・月間の売上目標を設定していると思います。前年の実績をベースに、前年比で超えていくことを目標にしているケースも多いでしょう。

私たちは、個人に売上目標は設定していません。全体の数値目標を掲げ、みんなでノルマ達成に取り組むということもしていません。

私たちが重視している指標は、「生産性」。ここだけは必ず追うようにしています。

待ち時間なし 超・正確なタイムコントロール

美容室あるある

□ 予約時間通りに行ってもなぜか待たされる
（サロンワーク中、意味の分からない待ち時間がある）

↓

カプロでは…

☑ 時間厳守の風土が行き渡っている
（1分でも遅れるお客さまからは謝罪の電話が入る）

美容室あるある

□ 終了予定時間内に終わらない（ウェブサイトやアプリなどでの表示時間通りでない）

□ 終了時間が読めず、その後の予定が立てられない

カプロでは…

☑ 予約時、カウンセリング時に予定終了時間をご案内

☑ お客さまが遅れて来られても予定時間内に必ず終了

美容室あるある

□ ヘアカラーの放置時間やシャンプー施術時間が、施術者によって変わる

カプロでは…

☑ どのスタッフが対応しても、同じ時間とクオリティでサービスのムラがない

これまでのサロンにある悪しき習慣「美容室あるある」で、私たちがまず排除したのは、「時間がかかり過ぎる」ということ。お客さまの時間を無為に奪わないことに、徹底的に取り組みました。

チームワークによる「時短施術」をどのような仕組みで実現させているのか。カプロのマネジメントのカギとなるタイムコントロールについては、CHAPTER1でひもといていきます。

ナンセンスな会話なし
お客さまの髪と頭皮と対話する

美容室あるある

□ ただその場を持たせるためのナンセンスな会話

（「いい天気ですね～」「今日お休みなんですか？」「今からどこか行くんですか？」など）

← **カプロでは…**

☑ ヘアケアのプロとして、お客さまの髪と頭皮と対話し、必要な会話のみにとどめる

美容室あるある

□ プライベートに立ち入り過ぎる質問をする

← **カプロでは…**

☑ お客さまと適切な距離を保ち、関係性ができるまでプライベートのことは一切聞かない

美容室あるある

□ お客さまの個人情報を漏らす

（「お友だちの〇〇さん、来られましたよ～」「お母さま、このメニューされてますよ～」など）

カプロでは… ←

☑ どんなに仲の良いご友人やご家族にも、お客さまの情報は絶対漏らさない

美容室あるある

□ ヘアケアのプロなのに商品の提案ができない（お客さまの懐事情を勝手に決めてしまう）

カプロでは… ←

☑ 良い商品やメニューは、平等に全てのお客様にご案内する（選ぶのはお客さま）

サロンにありがちな、その場を持たせるためだけの会話ほど、お客さまのリラックスタイムを奪うものはありません。私たちはこれらを一切排除しました。ヘアケアのプロとして、お客さまの髪や頭皮と対話し、お客さまにとって有益なことだけをお話しするように心掛けています。

地域にとらわれない
ゼロから2カ月で生産性100万円

美容室あるある

□スーパースタイリストの顧客ベースで新規出店する

↓

カプロでは…

☑スーパースタイリストなしで、顧客ゼロから新規出店

美容室あるある

□サロンが乱立するエリアに出店し、競合してしまう

□都市部で大型店舗の展開

↓

カプロでは…

☑ 顧客０のエリアで、最短２カ月で生産性１００万円を突破
☑ 地域にとらわれずに高生産性を実現するビジネスモデルを確立

最初に三重県桑名市で、「半個室で4席以下の小型店」を3店舗展開したのちに、近畿地方に進出しました。同じ手法で、大阪府豊中市で開業したところ、半年で生産性１００万円となり、兵庫県芦屋市では、２カ月目で生産性１００万円を達成しました。

全くの未開拓エリアにもビジネスモデルを移植できたことで、カプロの仕組みは地域にとらわれずに通用するのだとスタッフが証明してくれました。なぜ〝半個室の小型サロン〟にこだわるのかも、ＣＨＡＰＴＥＲ1で説明していきます。

一般企業に負けない高い給与体系

美容室あるあるある

□スタイリスト平均年収300万円未満

←

カプロでは…

☑スタイリスト平均年収600万円超（正社員のみ）

美容室あるある

□初任給16〜18万円（大卒平均初任給22万円）

←

カプロでは…

☑初任給23万円（2022年新卒者）

美容室あるある

□ 賞与基本なし

↓

カプロでは…

☑ 賞与年3回（夏季、冬季、決算時）

美容師は国家資格を持っているのに、まだ収入面でも待遇面でも、一般企業より低い傾向にあります。

私たちは創業当初からそれを変えたいと思ってやってきました。

「一般企業以上の水準の会社にして、親御さんたちに、うちの子は美容師になってよかった！　カプロで働けてよかった！　と思ってもらいたい」

その願いがかなう条件が、ようやく整ってきました。CHAPTER5でカプロの給与体系について詳しくお伝えします。

メリハリを付けて働く
サロンの定休日は週2日

美容室あるある

☐ 隔週休2日制、シフト制（月7～8回休み）

← **カプロでは…**

☑ 完全週休2日制（月・火はサロンの定休日）

美容室あるある

☐ 休みの日の頻繁な練習会や講習会

← **カプロでは…**

☑ 営業終了後自店講習、臨店講習（レッスン日は基本、水・木・金のみ）

待遇面でも一般企業と同じ水準に持っていくことが、美容師の価値向上につながると、月曜日と火曜日をサロンの定休日にして、完全週休2日制にしました。

「売上をダウンさせずに、2日間の休みを確保したい」という目的のために、4年前、スタッフで協力し合って実現したのです。ES（従業員満足）は上がり、売上も落ちずに、むしろどんどん伸びる結果となりました。

実現できた理由や定休日を週2日制にしたことのメリットについては、CHAPTER5で触れていきます。

男性スタッフなし女性スタッフだけのサロン

美容室あるある

□ 経営者や幹部は男性中心

カプロでは…

☑ 経営者、スタッフともに全員女性

美容室あるある

□ 結婚や出産を経験する30代の女性美容師の離職率が高い

カプロでは…

☑ 産休・育休も取れて、女性が長く働ける環境が整っているカプロは経営者も幹部スタッフをはじめとしたスタッフも全員女性です。創業したとき、たまたま男性スタッフの採用がなかっただけで、最初から女性だけのサロンをつくろうとしたわけではありません。ただ、お客さまから「やっぱりここは女性だけでいいね」というお声をいただくことが多くなり、男性を採用できなくなってしまった、というのが正直なところです。

「女性だけでギスギスしてるんじゃない？」

よくそう言われますが、そんなことは全くありません！　陰口・悪口を言ったら「即退社」というルールをホームページにも掲げ、それに賛同して入社してくれるスタッフばかりなので、むしろ風通しがよくて、チームワークもばっちり。女性のライフステージに柔軟に対応できる仕組みも整いました。そうした働き方改革についても、ＣＨＡＰＴＥＲ５でご紹介します。

サロンに脇役はいない
全員が主役

美容室あるある

□スタイリストがえらい。先輩がえらい

↓

カプロでは…

☑スタイリストとケアティスト（=アシスタント）は、仕事上では対等の立場

☑誰もがなくてはならない存在

美容室あるある

□スタイリストがフロアを回す

□アシスタントはヘルプというスタンス

↓

カプロでは…

☑ ケアティストが一日の流れを把握し、フロアを回す
☑ ケアティストはケアメニューの責任者として、指示通達を行う

美容室あるある

□ ただマンパワーに頼ったオペレーションになりがち
□ アシスタントがいると生産性が上がらない

↓

カプロでは…

☑ 最高のチームワークで連携し、心のこもったおもてなしを実現する
☑ ケアティストがいないと生産性が上がらない

カプロでは、ケアティスト（＝アシスタント）が一日の流れを把握し、サロンを回すという重要な任務を担うので、仕事上はスタイリストと対等の立場となります。つまりフロアでは誰が主役で誰が脇役ということはなく、全員が主役なのです。

ケアティストの管理能力やケアメニューのスキルがオペレーションの効率化や顧客満足に貢献します。ですから高生産性を実現するためには、高いチーム力が欠かせないのです。

CHAPTER

1

高生産性サロンの
戦略

メインターゲットを明確にする

メインターゲットのマインドを掘り下げる

カプロ創業に当たり、最初に行ったのは「メインターゲット」を明確にすることでした。ここを絞らないと、誰にも刺さらない中途半端なお店になってしまうので、まずはそれを決めてから、コンセプトを固める必要がありました。

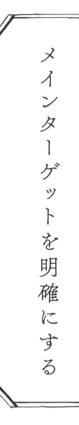

一番大事なのは、そのメインターゲットとなる顧客のマインドを掘り下げること。その層がどんなバックグラウンドに身を置き、どんなことを好むのかを徹底的に考え、そこからブレないお店づくり、メニューづくり、商品展開をしていきました。

美容師としてはもちろん、どんな客層にもきちんと対応するべきですが、私たちは〝特に来ていただきたいお客さま層〟を設定しました。私たちはいつも選ばれる立場にありますが、私たち自身もサロンに来ていただきたいお客さまを選び、カプロの価値を共有して、全力で取り組みたいと思うのです。
お客さまとの価値の共有とは、
●顧客側：ずっときれいでい続けたい
●美容師側：お客さまの要望を叶えつつ、お客さまが気付いていない価値を引き出したい
といったこととととらえています。大切なのは双方向で同じ価値を感じることです。
私たちが定めたメインターゲットは「30〜40代の美意識の高い女性」。〝美意識が高い〟という
キーワードは、年齢に関係なく来ていただきたい客層に共通している要素です。
メインターゲットを「30〜40代の美意識の高い女性」にした理由は、次の通りです。
●30〜40代は私たちと同世代であり、コンセプトメイキングしやすい
↓自分たちが行きたいお店がつくれる
●〝美意識が高い〟ことで、デザインだけではなく、ヘアケアにも重きを置いている
↓しっかりケアをするお店がつくれる
（安売りのお店にしたくない、スタッフに安い仕事をさせたくない）
●一番「口コミ」をする層であり、強い影響力がある
↓宣伝効果が期待できる
メインターゲットは、実際の顧客に6割ほど合致しています。〝美意識が高い〟ことについては、90％以上合致していると認識しています。メインターゲットを意識した取り組みは、これからご説明する全ての施策につながっていますので、じっくりとお伝えしていきます。

コースメニュー中心で単価アップ

複合率（複数のメニューをオーダーする比率）を上げて客単価アップを図ることと、提案のバラつきをなくすために、メニュー構成はコースメニューを中心にしています。コースメニューは基本、ヘアケアメニュー込みの〝松・竹・梅〟の3コースを展開し、そこにオプションメニューを追加できるようになっています。季節感や顧客に提案したい新商品や新技術を盛り込んだタイムリーな内容となるよう、2〜3カ月に1回程度の頻度で内容を入れ替えています。〝松・竹・梅〟を設定した理由は、カプロの「売り」となる鉄板のメニューを詰め込んだものを打ち出せば、必ずお客さまはリピートしてくださるという確信があったからです。

ヘアカラー、パーマなどのケミカルメニューは、全てトリートメント込みとしています。美意識が高いカプロのお客さまの中で、トリートメントをしないということはありえないという判断からです。カットのみのお客さまも1割弱いらっしゃいますが、ほとんどがお子さまと男性です。男性もスパを受けられる方が多いので、全体の5%にも満たない程度です。

コースメニューを中心にしたことで、お客さまにとってはサロンのコンセプトが分かりやすく、メニューを選びやすいというメリットがあり、サロンにとっては来てほしい顧客と実際とのミスマッチを防げる上、狙った客単価をキープできるという利点があります。

カット・カラー・トリートメントのコース内容

松	18,900円	カット＋3Dカラー＋炭酸泉シャンプー＋補修トリートメント＋ホームケア
竹	15,980円	カット＋カラー＋炭酸泉シャンプー＋補修トリートメント＋ホームケア
梅	13,980円	カット＋カラー＋炭酸泉シャンプー＋保水トリートメント

いずれも所要時間は２時間以内

高生産性 POINT

高単価のコースメニューを中心にすることで、客単価をコントロールできる上に、タイムコントロールもでき、生産性アップにつながる。

コースメニューは2時間で完了

〝松・竹・梅〟のどれも、所要時間は2時間に設定してあります。メインターゲットである「30〜40代の美意識の高い女性」は、仕事や子育てで忙しい年代なので、施術時間を長くかけ過ぎると、失客の原因になります。2時間で最大限に満足いただけるメニュー内容にし、予約とオペレーションを徹底的にコントロールして時間厳守を貫いています。

カプロでは価格やメニューだけでなく、時間も細かく設定しています。タイムコントロールこそが生命線だと考えているからです。ただ〝短時間でなるべく押し込む〟という発想ではなく、〝設定した時間通りに確実に無駄なく遂行する〟という価値観を大事にしています。〝バタバタ〟することはお客さまのリラックスを激減させ、クレームや事故、ひいては失客にもつながるからです。

時間に空きがない限り、当日の予約や、所要時間変更を伴うメニュー変更・追加は受け付けません。「時間厳守の店」というイメージを浸透させ、お客さまを「教育する」ことで、結果遅刻をする方は少なくなり、しっかり次回予約を入れてくれるようになりました。

高生産性
POINT

お客さま任せではなく、サロン側が枠組みを決め、その中で最大限のパフォーマンスを上げていくからこそ、正確なタイムコントロールと高い顧客満足を両立できる。

タイムコントロールのコツ

予約管理

隙間時間をつくらないよう、予約を誘導。例えば「何時ごろがよろしいですか？」ではなく、具体的に「○時はいかがですか？」と提案。

コースメニュー

ほとんどのコースメニューは入店から退店まで2時間に設定。誰が担当してもその時間で施術できるようトレーニング。

オペレーションマニュアル

「誰が担当しても2時間」は、完成度の高いオペレーションマニュアルがあって初めて実現できる。

↓

基本2h/人＝1ブース

↓

“念のため”の手待ち時間がゼロ

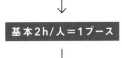

超ドミナント戦略と業務効率化

カプロのハード面には大きな特徴が二つあります。一つは超ドミナント戦略を取り、小規模店舗を超至近距離で展開していること。

現在、三重県桑名市内に5店舗と、大阪府豊中市と兵庫県芦屋市に各1店舗を開業していますが、三重県の5店舗は、半径約50メートルの範囲にほぼ隣り合って立地しています。この超ドミナント戦略を展開する理由は以下になります。

- 店舗数に応じて、「店長」という役職を確保できるため
- 入客状況に応じて、スタッフの行き来が容易になるため
- ターゲットにしているお客さまが、小規模店舗の形態を望んでいるため

それぞれの店舗は平均25坪の小規模店です。スタッフの成長に合わせて確実に店舗を展開しています。広い1店舗にまとめないのは、店舗数の分だけ店長というポジションを確保でき、スタッフの成長プランを提示しやすいためです。さらに、出店や万が一の閉店に伴うリスクを最小限に

抑え、店舗数のコントロールをしやすくしているのです。

業務効率化の観点で、スタッフの行き来がしやすいという利点は大きいです。店舗間は徒歩30秒圏内であるため、数分の作業のためにスタッフが店舗間を移動し、席の空きをつくらずに効率よく入客させるための仕組みを取っています。

Capullo Groupのドミナント展開

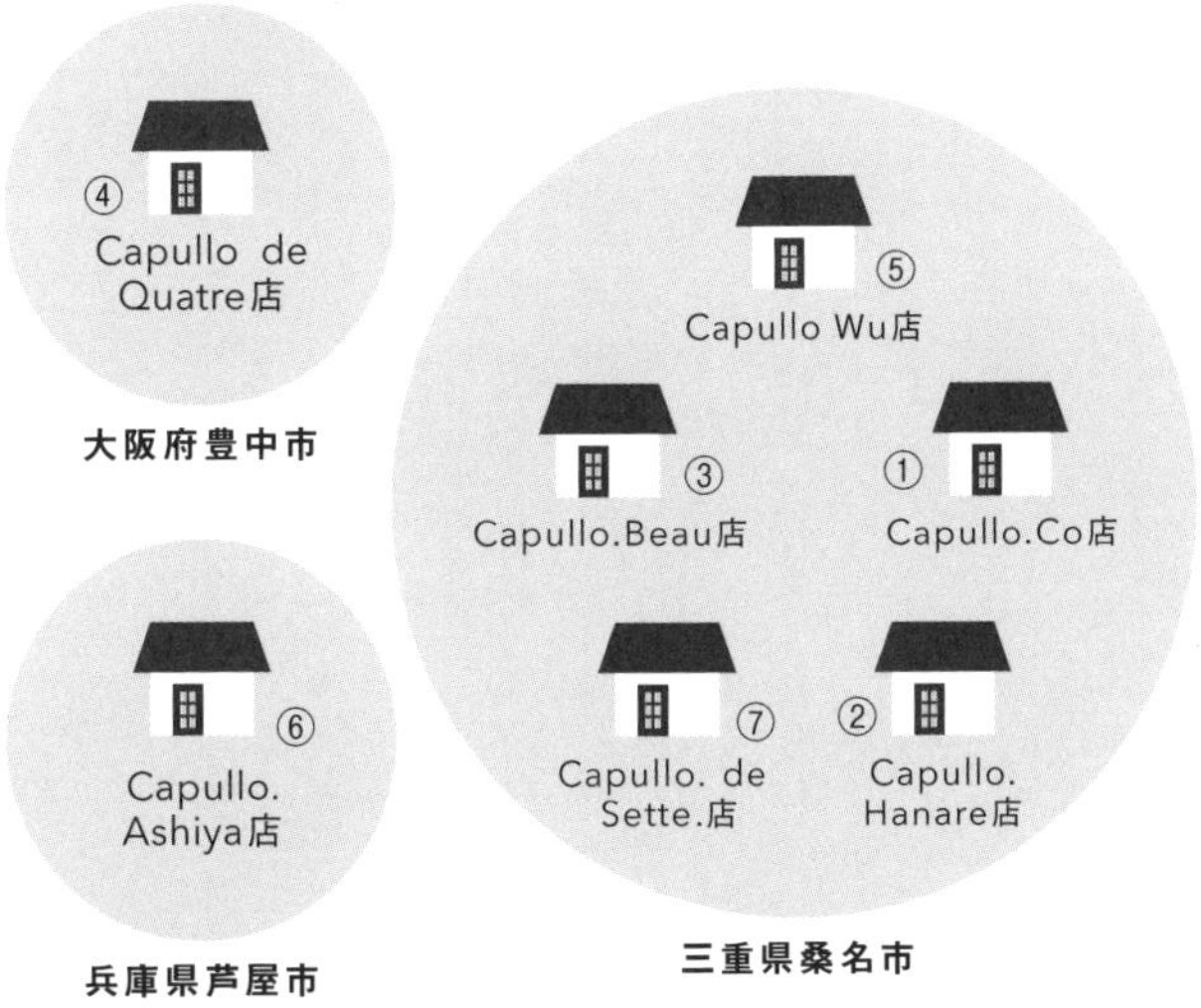

高生産性
POINT

最低限の人数で効率的に営業できるからこそ、高い生産性が実現できる上に、完全週休2日制の導入など理想的な労働環境も提供できる。また店舗数に応じて役職を増やすことで、スタッフの成長プランを提示しやすくなるという利点もある。

「小型店&半個室」にこだわる

ハード面の二つ目の特徴は、店内の構造です。セット面は基本的に半個室で、1店舗当たり4席以内と決めています。これは、「サロンではゆっくり過ごしたい」という、日頃忙しいターゲット層のニーズに応えるための取り組みです。

プライベート性の高い空間で、お客さまお1人のためだけに練り上げた施術とサービスを体験していただきたいので、「小型店&半個室」にこだわっているのです。

1席に対して、同じ時間帯にお客さまを重複させないというスタイルも徹底。一方で、メニューの施術時間は厳守しており、一切無駄なインターバルをつくらず予約を入れる工夫もしています。

半個室のサービスにこだわることで、

- 他のお客さまから見えない分、一人ひとりの髪のお悩みも聴きやすく、より深い内容の接客や会話ができる
- お客さまからスタッフのバタバタ感が見えない

● スタッフは、目の前のお客さまだけに集中できる一方で、他のお客さまのアテンションにも気づける（完全個室だとそれが分からない）

● 1人のスタイリストが最大4名まで掛け持つことができる（5名以上掛け持つと顧客満足が著しく低下してしまうと判断したため）

● 店販商品も各半個室のセット面でディスプレイし、興味を喚起しやすい

といった良い面があります。

高生産性 POINT

〝顧客が気に入ってくれているスタイルは変えない方が良い〟というシンプルな考えに基づき、現在は「小型店＆半個室」で成功しているビジネスモデルを極力変えずに、店舗数を拡大。

アシスタント（ケアティスト）が顧客満足を高める

メニューの力を最大限発揮させるため、常にブラッシュアップしてきたのが、接客やオペレーションの仕組み化です。

カプロではケアティスト（ケアの責任者。一般にはアシスタント）が「メニューカウンセリング」や「商品説明」などのオペレーションの中心的な役割を果たすと共に、トリートメントとヘッドスパを担当します。これらの業務についてはその手順から接客時の発言のNG集まで、あらゆる項目を細かく仕組み化しています。

その目的の一つは、顧客満足と生産性アップのための施術時間の短縮です。しかしそれ以上に、提案するヘアデザイン以外は、誰が担当しても同じサービスを提供できるようにしたいという思いから仕組みを整えました。

誰が行っても同じクオリティの提案・技術・接客ができれば、高客単価をキープできる上、失客のリスクをゼロに近づけられます。隣の席ではベテランスタッフがいろんな提案をしている、はたまた自分の担当の新人スタッフからは何の提案もない。それってお客さまからしたら損した気分になりますよね。
この取り組みにより、お客さまは特定のスタイリストというよりもカプロそのものを支持してくださっているため、経営の安定が図れます。

オペレーションの中心はケアティストが担う

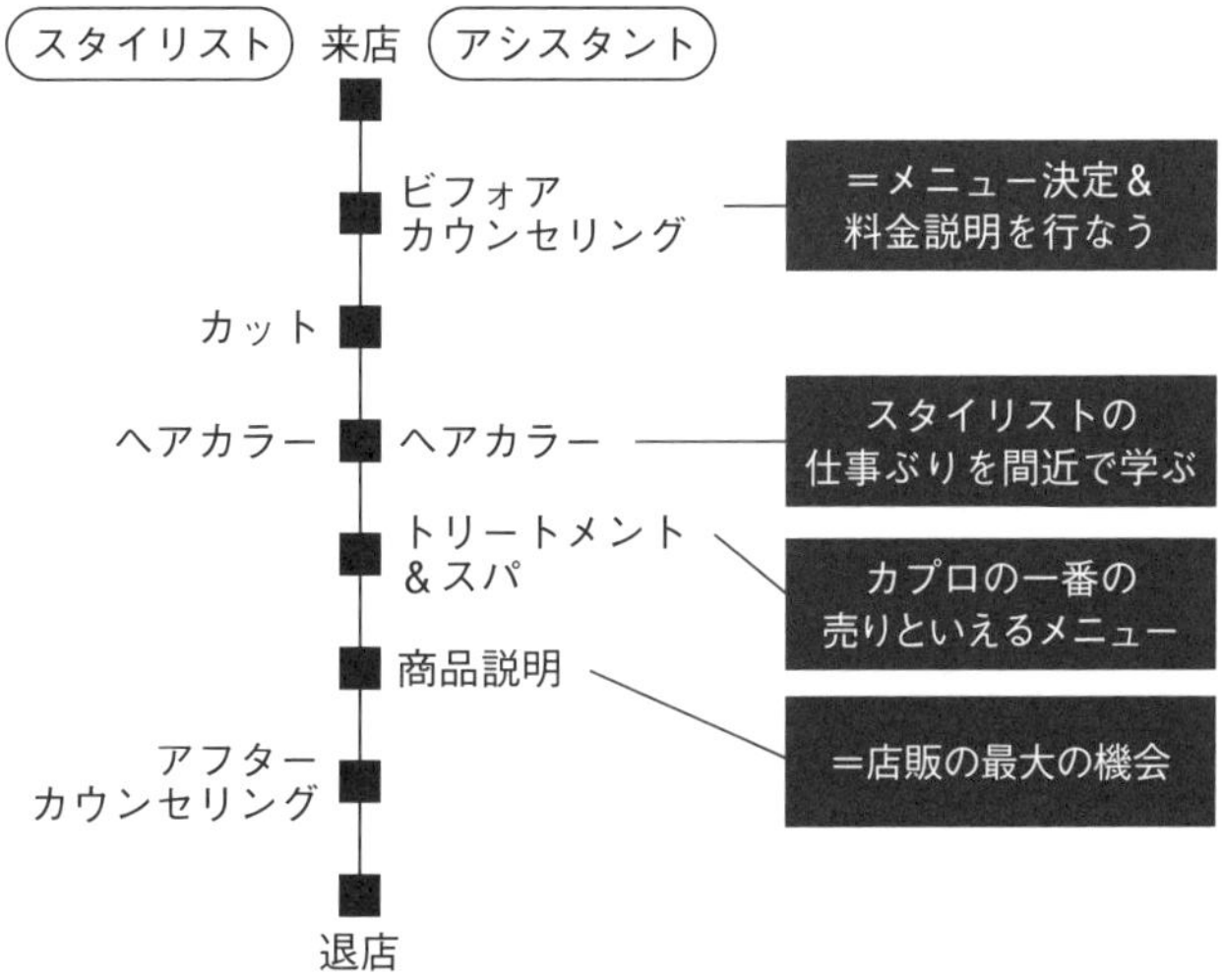

高生産性
POINT

ケアティストはシャンプーやスパなど心地良さを追求する業務を担当するため、顧客満足度に深く関与する。ケアティストの果たせる役割が増えれば、スタイリストが余裕を持って複数の顧客を担当することができるため、効率的に予約が取れて生産性がアップする。

自社ブランドで店販比率アップ

店販商品の大半が自社開発商品というのもカプロの特徴です。シャンプーやトリートメントなどのヘアケア商材はもちろん、酵素やビタミン、ヘム鉄などのサプリメント、スキンケアや基礎化粧品など約40点ほど幅広くラインナップされ、ターゲット層のニーズに寄り添いスピーディに開発・展開しています。

その主な狙いは以下の2つです。

●カプロでしか買えない商品を扱うことで、カプロへ行く意味をもたらす

（Ａｍａｚｏｎや楽天などで安く売っていると信頼ダウンで、店販率ＵＰにもつながらない）

●商品開発に携わることによる、スタッフのやりがいやモチベーションアップ

自分たちでこだわり抜いてつくった商品を完成すると、必然的にお客さまにお伝えしたくなり、プレゼンも力が入ります。

よく、「商品をすすめるのが苦手」ということを耳にします。しかし、私たちはヘアケアのプ

ロです。良い商品をお客さまにお伝えするのは義務であり、それが本当の優しさだと考えます。例えば、髪が傷んでいるお母さんに良いトリートメントをすすめますよね。それと同じことです。ムラなく全てのお客さまにお伝えし、買う買わないはお客さまが決めること。勝手に人の懐事情を決めつけてはいけません。

また、そのプレゼンは、単なる「商品説明」ではお客さまには響きません。この商品を使うことによってどんな価値をもたらすのか。それをしっかりお伝えします。

特にお客さまに提案したい店販品がある時期には、コースメニューにホームケア商品を含めて展開します。これをきっかけとして、商品の魅力を体感し、次回以降、購入を継続してくださるケースが多いです。

その結果、創業当初は店販比率6%だったのが、今では平均13%となり、繁忙期に至っては25%まで伸びています。

高生産性
POINT

こだわりのオリジナル商品をスタッフみんなで開発することで、スタッフのおすすめしたい、使ってもらいたいという気持ちがおのずと引き出され、高生産性にも寄与。

CHAPTER

2

高生産性サロンの

集客

お客さまのごひいきになるには

「ひいきはされるもの」。これはカプロの社訓です。美容師という職業は人気商売で、常に〝ひいき〟が付いて回ります。私たちにとって「このサロンじゃなきゃダメ！」「あなたにお願いしたい！」と言ってもらえる存在になること、それが全てといっても過言ではありません。

ではどうしたらお客さまから選ばれる存在になれるのか。

それは徹底的に「顧客目線」になり、お客さま一人ひとりに寄り添うことです。その方にとって、何がベストなのかを考える習慣と行動を身に付けることが、ごひいきにつながっていくと考えています。

気に入っていただけたら、末永いお付き合いをしたいので、徹底的に顧客目線に立ち、「かゆいところに手が届く」おもてなしをする、今回よりも次回さらに喜んでもらうには……、を常にブラッシュアップする、これが私たちの武器です。

スタッフにはマニュアル通りにああしなさい、こうしなさいと言うのではなく、「もし自分がお客さまの立場だったら、どうしてほしいか」ということを常に考えて行動するように指導しています。そうして誰よりも〝ひいきしてもらえる人間〟になりましょうと伝えています。ケアティストには、「心の指名」をもらえるようになりましょうと話しています。「あの子シャンプーがうまかったからまたあの子にしてほしい」と、お客さまに目で追ってもらえる存在になれるようにと……。そのためには、まずは先輩に必要としてもらわなければいけません。「〇〇ちゃん、私のヘルプに付いてほしい」と思わせること。新人スタッフ入社時には必ずそんな話をします。先輩に、そして会社からひいきされるようになったら、おのずとお客さまからもひいきされる人間になれるはずです。

1人でも多くのお客さまにひいきされる人間になる、このマインドを忘れず、当たり前のことを当たり前にやり続けていけば、ごひいきしてくださるお客さまと末永いお付き合いすることができると考えています。そしてケアティストも人に必要とされる喜びを感じ、やりがいや居場所、そして誇りにつながると確信しています。

ロイヤルカスタマー型サロンの確立（少ない顧客で利益を生み出す）

ロイヤルカスタマーがＫＥＹになる。

これからのサロン経営は、ロイヤルカスタマー（※）がＫＥＹになるといわれています。ロイヤルカスタマー比率が高ければ高いほど、スタッフ1人当たりの生産性がアップすることは確実です。

ロイヤルカスタマー客数比率が5％未満と20％以上では、スタッフ1人当たりの生産性に20万円以上の差が出ることが分かっています。

つまり、〝何を売るか〟だけでなく、〝誰に売るか〟も重要になっているのです。

カプロでも、私たちの商品・サービスに愛着を持って、リピートしてくださるごひいきのお客さま＝「ロイヤルカスタマー」をとことん大切にします。

カプロのロイヤルカスタマーの平均単価と集客率は以下となっています。

ロイヤルカスタマー平均単価　16359円
ロイヤルカスタマー集客力　カルテ数比率　20・1%　売上比率　57・1%
↓たった2割のお客さまが半分以上の売上をつくっている
↓「高生産性　全スタッフ1人当たり月間売上　150万円（2020年平均）」につながる

少ないカルテ枚数（顧客数）で多くの売上をつくれる方が、目の前のお客さまにしっかり向き合い、より丁寧な仕事ができるとイメージできます。カプロでは、国家資格である美容師に、安い単価でバンバンお客さまを回すのではなく、そういう仕事をさせたいと思いました。

※ロイヤルカスタマーの定義
1　サロンへのロイヤリティ（忠誠度）が高いお客さま
2　年間8回以上の来店、10万円以上の支払いがある

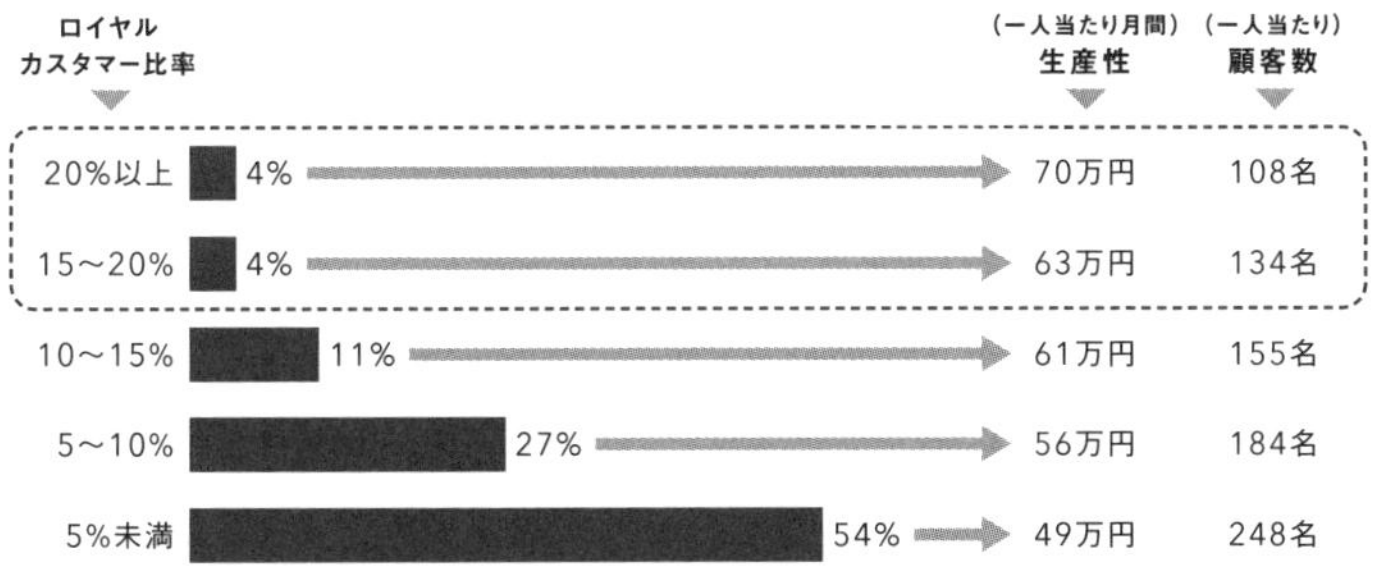

参考資料：タカラベルモント「POSLinQ ユーザー調査」S00001（3年以上利用の美容サロン、N=3,676）より

ロイヤルカスタマー≠富裕層

ロイヤルカスタマーとは決して限られた富裕層だけでなく、平均的な収入の方もいらっしゃいます。高額所得者層が中心というわけではなく、単なる高級志向でもないのです。

ロイヤルカスタマーは一般的な「良客」と比べて、約3倍の来店頻度であるというデータがあります。美意識の高いお客さまをターゲットにしている理由もそこにあります。

また年間10万円以上支払うロイヤルカスタマーは、2万円未満の顧客が58％の失客率であることに対して、4％の低い失客率であることも分かっています。ロイヤルカスタマー＝サロンへの忠誠心が高いお客さまなので、失客率が低いのも納得です。ロイヤルカスタマー比率は、開業時の取り組み方によっては、短期間で上げることができ、3年以内に5〜10％の上昇を見込めることもあるといわれています。

つまり、ロイヤルカスタマーは、経営を安定させる要であり、早くロイヤルカスタマーを取り込み、ロイヤルカスタマー型サロンへ転換することができれば、経営の成長を見込めるのです。

ロイヤルカスタマーの世帯年収別人数比率

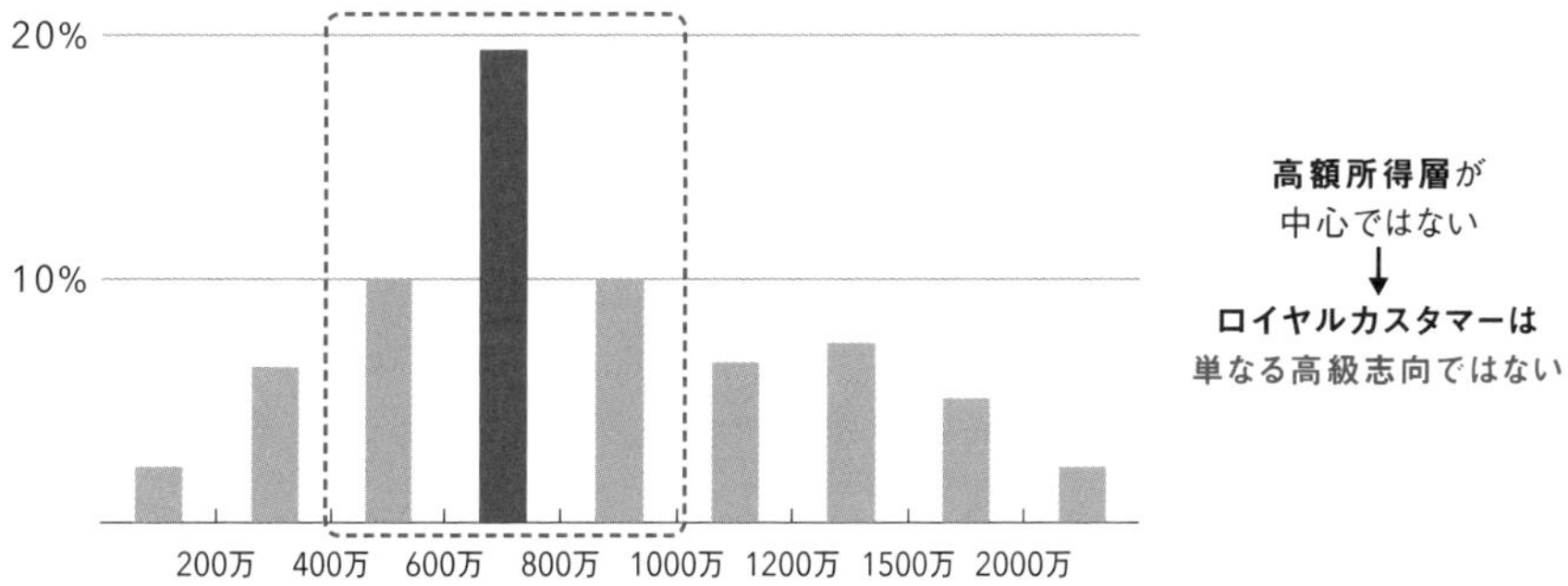

タカラベルモント「ロイヤルカスタマーのサロン利用に関する調査」(年間支払金額10万以上の40-50代女性、N=200)

メインターゲットが求めるサロンをつくる

CHAPTER1で述べたように、カプロのメインターゲットは、「30代、40代の美意識が高い女性」です。当然、ロイヤルカスタマーもこの層が中心になってくると想定しています。具体的には、どんな特性がある人たちなのか？　私たちは次のようにとらえています。

「子育て中の主婦」もしくは、「キャリアウーマン」

共通点は、

「〝とにかく日々忙しい〟ライフスタイルを送っている」

ということ。さらに、ターゲット層の背景や要望を深掘りし、仮説を立てて考えました。

- 子育ての合間に自分の時間をつくって息抜きしたい
- サロンでは1人時間をゆっくり過ごしたい
- お休みの日に自分磨きをしたい
- いつまでもキレイでいたい

こうした要望を満たすのにふさわしいサロンとは、「落ち着いた」「くつろげる」「上質な」空間であるとし、求められる要素を下記の具体的な施策の中に落とし込みました。

- **メニュー構成**（必須となるケアメニュー、単価UPできるメニューなど）
- **タイムコントロール**（時間の大切さを重視）
- **サロンづくり**（内装、居心地のいい空間づくり、プライベート感）
- **ドリンクメニューの充実**（カフェのようなリラックス時間の演出）
- **ブックワゴンのラインナップ**（同右）
- **キッズ同伴希望者と、1人で静かに過ごしたいお客さまのどちらにも対応**

それと同時にサロンづくりをする上で留意することは次の通りです。

- **来店してほしいターゲットの女性たちのみが満足するサービスと空間をつくる**
- **来店いただかなくていいお客さまを決める**
- **「美容室あるある」を全て排除し、ネガティブに感じる部分がないサロンにする**
- **サロンで過ごす時間をまるごと商品とし、お店の価値を伝える**

ここが徹底できないと、誰に対してメッセージを届けたいのかが中途半端になり、誰にも刺さらないサロンになってしまいます。

自分たちが出店したいエリアをリサーチ

カプロが超ドミナント戦略を展開している三重県桑名市では、現在5店舗を運営しており、平均客単価は1万3000円（マツエク込み）、店舗の生産性は最大185万円となっています。総売上に占めるロイヤルカスタマーの年間の売上割合は約60％で、ここからも、ごひいきにしてくださるロイヤルカスタマーの大切さが分かります。

前述の通り、ターゲット層が望む「半個室で4席以下の小型店」の手法が、大阪府豊中市と兵庫県芦屋市でも受け入れられ、最短2カ月で顧客0から生産性100万円を実現できたことから、このモデルは地域にとらわれずに拡大できると確信しました。

「地域にとらわれない」といっても、出店するエリアはリサーチしています。〝都会限定〟〝お金持ちエリア限定〟ということではなく、これは勘でしかないのですが、私たちのサービスをちゃんと理解してくださる、美意識の高いお客さまが多くいそうな地域を選ぶということです。

桑名市は近鉄名古屋駅から特急1駅で15分ほどの位置にある名古屋のベッドタウンで、大企業もなく、大きなデパートもない人口14万人ほどの町です。このエリアは閑静な住宅街ですが、お金持ちばかりをターゲットにしているわけではありません。

ロイヤルカスタマーと富裕層が異なるように、「美意識が高い」と「お金持ち」とはイコールではありません。

桑名の人たちは、まず私たちの話をよく聞いてくださり、おすすめのサービスや商品を受け入れてくださる方が多いという印象があります。私たちはきちんとした仕事を提供したいと思っているので、素直に喜んでくださるお客さまがたくさんいらっしゃるということは、とても有り難いことです。

ターゲット層となる30~40代の女性が多く住む街であることをリサーチし、その中でも美意識が高い女性に響く仕掛けをしていくことが大切です。

集客手段はWEBを活用

新規客の95%がWEB予約

カプロの集客を一言で言えば、「顧客が満足する鉄板のコースメニューをつくって告知する」、これに尽きます。

具体的なセットメニューの決め方やオペレーションについては、CHAPTER3でご説明することにして、ここでは集客の方法についてお話しします。

新規の集客は、事前調査の上、エリアで有効な方法を活用しています。

ホットペッパービューティーなどのWEB媒体や『シティライフ』などのタウン誌への掲載、5km圏内のポスティング、インスタグラムなどのSNS告知など、ごく一般的な宣伝広告を軸としています。

現在、新規客の95%が、ホットペッパービューティーからアクセスしてきた顧客です。これはWEB広告を活用しているメインターゲット層の特性とも合致しています。

広告への打ち出しは、お客さまがサロンに触れる「最初の印象」に徹底的にこだわり、「期待を持って」ご来店いただけるような仕掛けをしています。

来店してほしい顧客に告知

例えば、ホットペッパービューティーのTOPページでは、メインターゲットの求める、落ち着いた雰囲気でくつろげるサロンのイメージを十分に訴求する画像を載せています。また、「美容室の概念を覆す」「他店と何が違うのか、ぜひお確かめください」といったかなり強めのキーワードを散りばめることで、顧客の興味を喚起します。もちろんウソ、ハッタリはNGです。期待値を上げて来店してもらうので、お客さまの目はさらに厳しくなります。その期待値を超えていくという覚悟でサロンワークに臨んでいます。

そうした上で、「自分たちはこういう顧客が欲しい」ということをコースメニュー内容とプライスで明確に告知しているので、ターゲットである美意識が高いお客さましかアクセスしてこない仕組みとなっています。新規集客の際は、入口が本当に重要だと思っています。

その仕掛けが功を奏し、短期間で「顧客0から高生産性」を達成できました。

失客を恐れずにポリシーを貫く

トリートメントのマスト化を決断

メニュー構成を「コースメニューのみ」に設定したことで、カラー・パーマ・縮毛矯正などのケミカルメニューには、全てトリートメントが組み込まれ、カットのみの単品メニューも、男性客やお子さま以外は原則お断りしています。

導入時には、それを明記したWEB媒体からアクセスしてくる顧客は了解済みですが、それ以外の顧客にはとまどいがあり、最初は私たちもそのことによる失客を恐れていました。

トリートメントメニューをマスト化したのは、完全週休二日制の導入と大阪府豊中市のキャトル店オープンのタイミングでした。売上をダウンさせないために、仕組みの強化を図ったのです。

もちろん、迷いはありましたが、サロンとして「美意識の高い女性」をターゲットにしながら、トリートメントなしの施術をするのでは、納得がいくものにならないとして、マスト化を決断しました。同時にホームページに「施術に対するカプロの想い」を全面に出し、理解を促しました。

施術に対するカプロの想い（以下、カプロウェブサイトより引用）

Capulloは、お客様の髪と頭皮に真剣に向き合う、嘘偽りのない【髪と頭皮のクリニックサロン】です。

お客様の5年後、10年後の髪や頭皮の状態を見据えておりますので、今さえよければ良いという施術は一切行いません。カラーやパーマによる髪と頭皮への負担を最小限に抑え、さらに補修し、その上でお客様の〝なりたい〟〝かわいい〟を実現するサロンを目指しております。

そのため、当サロンの施術メニューはすべてケア（補修）メニューを含む設定となっております。ご理解いただきますようよろしくお願いいたします。

わたくし達は髪の毛および頭皮を熟知するプロフェッショナル集団です。他店で髪が傷んでしまった、失敗してしまったなどのご経験がある方は、ぜひ一度、当サロンへ足をお運びいただき、わたくし達の施術をご体感ください。わたくし達を信じていただけましたら、必ず今よりも良い状態へ導き、理想の髪へと変身をお手伝いさせていただきます。

また、当サロンは全席半個室、シャンプーブースは個室仕様になっており、スタッフは全員女性のみで運営しております。日頃の疲れを少しでもカプロで癒していただけるよう、技術はもちろん、空間の演出、そして、おもてなしに全力で取り組んでおります。

美容室が苦手な方、美容室に対して諦めを持っておられる方、ぜひお待ちしております。

他店とは何が違うのか、ぜひご自身の目で、心で、お確かめいただけましたら幸いです。

こうした発信やケアメニュー強化により、カプロは髪と頭皮の「クリニック的」な存在となりました。トリートメントも「完全オーダーメイド」を打ち出し、100人100通りの髪質に対応することを目指したら、他店の施術で傷んでしまった髪を改善したいと来られる方も増えて、「美容室の駆け込み寺」と認知されるようになったのです。

同時に自社開発のホームケア商品の販売も拡大しました。このことと、トリートメントのマスト化に踏み切った戦略が功を奏し、結果として売上をアップすることができました。

思い切った施策で、よりターゲット層に合った顧客を獲得したといえます。

全てをコースメニュー化したとき、比較的年配のお客さまの中には、トリートメントや炭酸泉をご希望されない方もいらっしゃいました。けれどもスタッフには、どんな場合も例外は受け付けないように言いました。

「メニューが変わって、値段が上がる」という概念ではなく、「メニューが上質になって、私たちの価値が上がる」ととらえ、値段が上がってもまた来たいと思ってくださるか、離店されるかは、私たちの対応が答えを出すからと伝えていきました。

トリートメントや炭酸泉を拒否されたお客さまも、きちんと説明して施術を受けていただいたら、その良さを実感されました。そして継続していただくことで、髪質がどんどん良くなり、周囲の方に褒められたとうれしそうにしている方もおられました。さらにカプロでスパやフェイシャル、マツエクなどの新たな「美」にも価値を見出し、積極的におしゃれを楽しむようになられた方もたくさんいらっしゃいます。

これまで美容室でシャンプー剤を購入することがなかった方も、カプロのホームケア商品を気に入ってくださり、市販品では受け付けなくなったという方も多いです。

私たちは、こうしたお客さまが〝もっときれいになりたい〟という気持ちを高めるお手伝いをさせていただくことを「お客さま教育」と呼んでいます。

これも「美容室あるある」なのですが、サロンによっては、顧客に対して「このお客さまはトリートメントをしない」「シャンプーを買わない」と決めつけている場合があります。それはサロン側で勝手に思い込んでいるだけで、お客さまの美の可能性を閉じてしまっていることになります。

お客さまがより美しくなるお手伝いすることが私たちの最大のミッションですから、お客さまに私たちの商品・サービスの価値を理解していただく努力を怠らずに、むしろ進んで「お客さま教育」をさせていただき、ご提案していきたいと思っています。

最初は躊躇もしましたが、失客を恐れずに「コースメニューのみ」としたポリシーを貫き、お客さまとしっかりと向き合ったことで、受け入れていただくことができました。これからもミッションを果たすため、「私たちの価値をきちんと伝え、お客さま教育をさせていただき、全スタッフがしっかりと対応し続ける」ことに取り組みたいと思います。

新規顧客の再来率を上げる仕掛けをする

お客さまにご満足いただけるよう、コースメニューの改良を続け、プロモーションをしっかりと行ったことで、2020年度はコロナ禍にあっても、グループ全体で新規客の集客率が20%アップとなりました。そこから再来したお客さまは50%。さらにそこから固定客となってくださったのは90%です。

つまり私たちの〝鉄板コース〟を3回体験していただけると、ごひいきになってくださる方がぐんと増えます。新規客の再来率を上げるポイントは、シンプルに3つです。

- **新規集客のための告知で、来ていただきたいお客さまを選ぶ**
- **ご来店いただいたお客さまに心に残る技術とおもてなしを提供する**
- **再来クーポン（3回目まで使える）をお渡しする**

新規客用の割引クーポンで、〝鉄板コース〟を体験した顧客に再来してもらえたら、3回までは少しお得に受けられる仕組みになっています。新規客はターゲット層なので、3回来店し、私たちの施術と接客に満足してもらえれば、固定客になる確度が上がります。集客の告知から再来クーポンの提供までの仕掛けはもとより、最も大切なのは、いかに私たちが新規客の記憶に残り、他店とは異なる「感動」へと導く商品・サービスを提供できるか、ということです。

再来店クーポンの実例

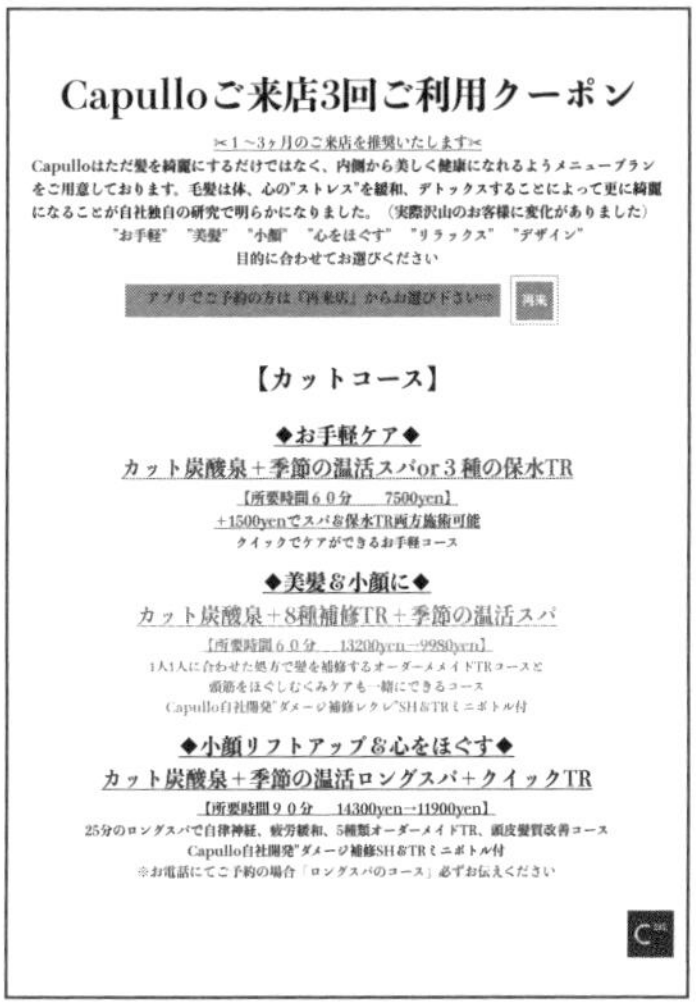

Capulloご来店3回ご利用クーポン

✂1～3ヶ月のご来店を推奨いたします✂

Capulloはただ髪を綺麗にするだけではなく、内側から美しく健康になれるようメニュープランをご用意しております。毛髪は体、心の"ストレス"を緩和、デトックスすることによって更に綺麗になることが自社独自の研究で明らかになりました。（実際沢山のお客様に変化がありました）

"お手軽" "美髪" "小顔" "心をほぐす" "リラックス" "デザイン"

目的に合わせてお選びください

アプリでご予約の方は『再来店』からお選び下さい!!! 再来

【カットコース】

◆お手軽ケア◆

カット炭酸泉＋季節の温活スパor３種の保水TR

【所要時間６０分　7500yen】

＋1500yenでスパ＆保水TR両方施術可能

クイックでケアができるお手軽コース

◆美髪＆小顔に◆

カット炭酸泉＋8種補修TR＋季節の温活スパ

【所要時間６０分　13200yen→9980yen】

1人1人に合わせた処方で髪を補修するオーダーメイドTRコースと

頭筋をほぐしむくみケアも一緒にできるコース

Capullo自社開発"ダメージ補修レクレ"SH＆TRミニボトル付

◆小顔リフトアップ＆心をほぐす◆

カット炭酸泉＋季節の温活ロングスパ＋クイックTR

【所要時間９０分　14300yen→11900yen】

25分のロングスパで自律神経、疲労緩和、5種類オーダーメイドTR、頭皮髪質改善コース

Capullo自社開発"ダメージ補修SH＆TRミニボトル付

※お電話にてご予約の場合「ロングスパのコース」必ずお伝えください

【カラーコース】

Capullo自社開発色モチが変わる"ダメージ補修レクレSH＆TRミニボトル付

◆髪をキレイに艶やかに◆

カット炭酸泉＋ケアカラー＋8種補修TR

【所要時間120分　17480yen→13980yen】

＋1000yen10～12種類のフルコーストリートメント変更可

◆美髪＆小顔に◆

カット炭酸泉＋ケアカラー＋8種補修TR＋季節の温活スパ

【所要時間120分　19380yen→15800yen】

＋1000yen10～12種類のフルコーストリートメント変更可

◆小顔リフトアップ＆心をほぐす◆

カット炭酸泉＋ケアカラー＋５種補修TR＋温活ロングスパ

●お電話にてご予約の際は必ず所要時間をお伝えください●

【所要時間150分　21100yen→16800yen】

＋500円で8種類の栄養補修TRに変更可能

◆デザインを楽しむ◆

カット炭酸泉＋ケアカラー＋アクセントカラー＋8種補修TR

【所要時間120分　19980yen→16800yen】

コントラストを表現、ワンランク上のヘアカラー

＋1500円でブリーチを使用したポイントメッシュ：インナーカラー変更可能

【パーマコース】

"業界初、Capulloでしかできないダメージレスパーマ"

カット炭酸泉＋クリープパーマ＋8種補修TR19000yen→16980yen

Capullo自社開発パーマの持ちが変わる"ダメージ補修SH＆TRミニボトル付

CHAPTER

3

高生産性サロンの

単価とサービス

カプロのメニュー構成

カプロでは前述の通り、メニュー構成をコースメニュー中心にしています。カット・カラーのコースは基本的に〝松・竹・梅〟の3コースを展開し、そこにお客さまに合わせてプラス1※のオプションメニューを追加で提案するようにしています。季節感や新商品、新技術を盛り込み、時宜にかなった内容となるよう、2〜3カ月ごとに入れ替えています。

施術時間（所要時間）はいずれも基本的に2時間。予約とオペレーションを徹底的にコントロールし、時間厳守を貫いています。けれど初めからそうしていたわけではありません。

最初は高単価を得るために複合率を上げようと、スタッフがお客さまに「トリートメントはされますか？」「炭酸泉はどうなさいますか？」といったふうに、一つひとつ提案していたのです。それはお客さまに対して押し売りをしている感じもして、ベテランスタイリストは提案できても、1年生のケアティストは提案できないといったように、スタッフごとにムラがありました。

ですから、そのバラつきをなくすこととカウンセリングの時短を目的として、コースメニュー化を図りました。そうしてトリートメントをはじめとする、カプロの「売り」となる鉄板メニューを詰め込んだ〝松・竹・梅〟をつくったのです。

施術時間を2時間としたのは、顧客満足と席効率を考慮してのこと。2時間で回すシミュレーションを最適と判断しました。どのコースを受けても、最大限に満足いただけるメニュー内容にして、サロンの滞在時間がきっかり2時間になるようにオペレーションを練り上げました。2時間で最大限の複合率を上げることで生産性アップを図り、結果、お客さまもサロンもうれしいという相乗効果につながりました。

※プラス1とは、2時間以内で終わるプチメニューです。①②③④のラインナップがあります。

① ショートスパ（10分前後）
② 数種類の中からカラーのグレードアップ
③ アクセントカラー（メッシュ）
④ スパクリームのグレードアップ

カプロ鉄板コース〝松・竹・梅〟徹底分析

1 特徴
2 トリートメントの違い

松【3D透明感カラー&オーダーメイドTRコース】18900円

★カット炭酸泉＋3Dアクセントカラー＋ケアカラー＋8種オーダーメイドトリートメント
ホームケア付★

1　表面のみアクセントカラーを入れ立体感を演出した、ベースカラーも一緒にできるデザインカラーコース。表面のみの施術なので2時間以内ででき、通常のカットカラー予約の方でも当日変更可能。おしゃれをしたいけど時間がかかるのは無理という場合でもお得にできる。「アクセントカラーをしてみたいけど、どんなふうにオーダーすればいいか分からない」「プチおしゃれを楽しみたい」「白髪ぼかしをしてみたい」などのニーズに対応。いつもよりプチぜいたくができた、という感覚が得られる。ホームケア付→カプロ開発ミニシャンプーｏｒトリートメントどちらかをお渡し（両方欲しい方は＋500円）。ホームケアの大切さを知っていただくきっかけに

2　カプロ鉄板8種のオーダーメイドトリートメントで髪を補修。＋1200円で12種フルコーストリートメントに、＋1500円で15種のプレミアムトリートメントに変更可能

竹【季節に合わせたオーダーメイド式トリートメント】15980円

★カット炭酸泉＋カラー＋補修トリートメント★

1　カプロ鉄板コース。カットカラーのお客さまの7～8割がオーダーされるメニュー。これを軸に他のメニューを提案できるようにしている。通常＋1000円のケアカラーが半額の500円でできる。オプションでカスタマイズできる（＋1200円で12種フルコース

トリートメント、+1500円で15種プレミアムトリートメントなど)。ホームケア付

2　オーダーメイドで髪を補修(オーダーメイド、100人いたら100通りの処方)ミニシャンプーorトリートメント付(両方の方は+500円)

梅【水分補給：3種類の皮膜性トリートメント】13980円

★カット炭酸泉+カラー+保水トリートメント★

1　ダメージが少ない方用のコース。鉄板コースの良さを知っていただくための比較コース

2　皮膜性トリートメントなので内部補修ができないが、保水に効果あり

「選べるメニュー」ここがポイント↓

●お客さまに「選べるメニュー」としてご紹介しておいて、当日施術するしないにかかわらず、〝記憶に残す〟ことができ、次回の選択につながる

●「選べるメニュー」をコースに入れることで、スタイリストが単発的にデザインをご案内するより、提案しやすく、お客さまも分かりやすい

コース提案は三方（顧客・サロン・スタッフ）よし

コースメニューを中心にした副次効果として大きいのは、カウンセリング時間の短縮です。アシスタントやスタイリストに関係なく、みんなが同じように提案できるので、説明の良し悪しによるお客さまとの齟齬は発生せず、時短がかないます。

特に〝松・竹・梅〟は、その違いのみを説明すればいいので、セットメニューにプラス1（69ページ参照）の提案をして、カウンセリングが終わります。つまりあれもこれも提案されて、お客さまが不愉快に感じることを防げるのです。

セットメニューの施術時間は、基本的に2時間に統一しているので、お客さま自身としては、サロンでの滞在時間が読め、その後の予定を立てやすいというメリットがあります。

またサロンとしても、予約をきっちり詰められるので、無駄な時間ができず、人的・時間的な生産性が上がります。スタッフもオペレーションが共有しやすく、お客さまへのおもてなしにより力を注ぐことができます。

つまり、2時間で最大限にお客さまに満足いただけるようにつくられたコース提案により、「顧客・サロン・スタッフの三方よし」の構図ができているのです。

「コースメニューのみ」としたことで得られるメリット

1　顧客側

- たくさんのことを一遍に提案される煩わしさがない
- サロンの滞在時間が読めるので、予定が立てやすい
- 当日の支払金額が、あらかじめ明確になる
- 常にケアメニューが組み込まれているので、髪のきれいをキープしやすい
- その日施術したメニューの内容を把握でき、「何をされているか分からない」という不安がなくなる

2　サロン側

- 複合率アップにより高単価が可能になる
- 予約がきっちり埋められるので、無駄な時間がなく、人的・時間的な生産性が上がる

3　スタッフ側

- メニューの統一により、カウンセリング力のばらつきが減少する
- お客さまに合わせたプラスのメニューが提案しやすくなる
- オペレーションを共有しやすく、接客やおもてなしのクオリティを保てる

誰が担当しても2時間のオペレーション

スタッフは来店客を2時間で最大限に満足させ、リピートしてもらうという目的のために、一致団結して取り組んでいます。これはお客さまからも大変好評で、「カプロは早くてありがたい」という声が多く上がっています。

カプロではカットしたり、パーマをかけたり、ヘアスタイルを提案するのはスタイリストですが、当日のメニューのカウンセリングを担うのは、ケアティスト（ケアの責任者。一般にはアシスタント）。まさにチームで売上をつくっているスキームです。

全スタッフが〝重要〟な役割を担うため、ご挨拶の仕方からカウンセリングのやり方、施術の段取り、説明する時の言葉遣い、お見送りの方法まで、あらゆる項目を仕組み化することで、どのスタッフがどの顧客を担当しても、失客の要因が生まれないようにしています。

一連のフローを遂行する上で、オペレーションと接客マニュアルは重要で、スタッフが事故（不具合）に遭わないためのお守りのようなものと位置付けています。

カプロのマニュアルは思考を伴わない機械的なものではなく、「お客さまのためにはこの場面ではこうするのがベスト」といった事例やその理由、もしくはNG集も盛り込まれていて、スタッフが自ら考えて行動することを促す内容となっています。巻末の付録をご参照ください。

マニュアルには、これだけは最低限するというルールが書かれていますが、スタッフには、それにプラスして、「お客さまがおそらく初めて聞くであろうという言葉をお掛けしなさい」と話しています。マニュアル化された言葉ってすぐに分かり、全く心に刺さらないので。

そうしたプラスαの何かをその方の記憶に残し、感動させることができたら、〝ひいき〟にしていただけることにつながるのではと思っています。

最低基準は「時間単価10分　1000円以上」

サロン側として、自分たちの技術やおもてなしを提供し続けていく上で、スタッフが〝苦痛にならない〟価格設定をする必要があります。つまりサロンにとって、スタッフにとって、持続可能なサービス単価を決めることが重要なのです。検討を重ねて明確になったのが、最低基準として「時間単価　10分　1000円以上」であることでした。新しいメニューを導入するときは、必ずこの視点で価格を設定しています。

価格設定が低過ぎると、お客さまへの心からのおもてなしができず、スタッフは「やらされている」という感情を持ってしまいます。「させていただく」という気持ちになるためには、スタッフのお給料を上げて、やりがいを持たせてあげることが必要なのです。美容師が国家資格である以上、安い仕事はさせたくないというのが経営側の本音です。

単価アップが見込めるメニューの組み立てをするのに重要なのは、ロイヤルカスタマーへの商品・サービスの提供を重視したものにすること。その一方で、私たちが欲しい単価をしっかり決め、欲しない単価を求めるお客さまは要らないというスタンスを明確にすることです。この取捨選択をすることで、より高い生産性を見込めるメニュー構成となります。

カプロの価格設定

1 欲しい客単価を決める

2 お客さまに2時間で最大限にご満足いただけるメニュー内容を決める

↓時間と金額に見合うメニューを構成

3 お客さまがサロンで体験する商品・サービス（カプロの価値）を決める

↓メニューの施術を遂行するためのオペレーションや接客の手順を決定

メニューの改良をし続ける

メニューの入れ替えをするタイミング

カット・カラーの鉄板3コース〝松・竹・梅〟は基本的に大きく変えません。コースメニューは、2~3カ月ごとに、「紫外線対策」や「乾燥予防」などの季節をとらえたケアメニューやデザインなどを追加して、入れ替えます。

お財布のひもが緩む、年2回のボーナス商戦のときは、お客さまに試していただきたいホームケア商品や新メニューを盛り込んだワンランク上のコースを用意します。料金は上がりますが、「お得」と「お試し」を味わっていただける内容としています。そうした中でも〝松・竹・梅〟は、お客さまに比較していただくために、内容・金額共に据え置いたままにします。

季節ごとに意識するポイントやキーワードは次の通りです。

● 春……スタイルチェンジが多い季節

↓自分を変えたい、出会い、フレッシュ
●夏……一番ヘアと頭皮が乱れる季節
↓髪の補修、頭皮ケアなどのホームケアを強化
●秋……夏の疲れが出る、ナイーブな季節
↓自律神経を整える、夏疲れした頭皮をねぎらう、ヘッドスパを提案
●冬……クリスマスシーズン、イベントが多く忙しい季節
↓「1年頑張ったあなたへ」、お得なご褒美プラン

メニューづくりの失敗も糧に

もちろん、メニューづくりで失敗もたくさんあります。「これはいける！」と思ったメニューが、あまり支持されずに終わることもたびたびです。

その場合、「どうしてダメだったのか？」というふうに、悪かったところにベクトルを当てて議論したりせずに、良かったところに注目して、ブラッシュアップしていけるようにします。

スタッフにも失敗を恐れずに、積極的にメニューづくりに挑戦してもらっています。正解がどれかは分からないので、もしうまくいかなかったとしても、また次をトライすればいいのです。

生産性を上げることばかりに着目していると、プラス1のメニューをやたら増やしたり、難しいやり方ばかり考えてしまいがちですが、みんなが喜んでやりたくなるようなメニューをつくる

ことが、結果的には一番生産性を上げ、成功につながるような気がしています。

全店共通のメニューを一斉に展開

新メニューは、全店舗で同じタイミング、同じ内容で展開します。それは「全員で取り組む」ということを大事にして、事業活動しているからでもあります。

今のところ、どの店舗も同じターゲットで、同一コンセプトで運営しているので、店舗によって変える必要はないと考えています。メニュー表やメニューの説明の仕方、在庫管理の仕方、店販も同じです。

カラーのデザインが好きな店舗は、多少色が豊富であったりする違いはありますが、あとはほぼ同じです。在庫が足りない時は、スタッフが他店舗に走って借りに行ったりしています。

桑名市だけでなく、豊中市も芦屋市も基本的に全部一緒です。今後、ターゲットが変われば、メニューも変わるでしょうし、商材も変わると思います。将来的には別ブランドにして事業をする可能性があるかもしれませんが、今は同じようなターゲットに設定しているため、全店舗共通のメニュー展開をしています。

季節に合わせたクーポン実例

紫外線対策！
顧客様期間限定特別クーポン

クイックUVコース　１４８５０yen
【カット炭酸泉＋ケアカラー＋UVコーティングTR】
3種類の皮膜性トリートメント＋色持ちのいいケアカラーでクイックケア♡

UVケア内部補修バッチリコース　１６９００yen
【カット炭酸泉＋ケアカラー＋UVプラチナコーティングTR】
キューティクル&内部補修のオーダーメイド式トリートメント１０種類の栄養で
期間限定スペシャルケア♡ 今だけ体感できる季節のトリートメントです！
ケアカラーで更に色持ちよし！！さらつやの集中マスク（２５g）付

”お家ケアも！”UVスペシャルコース　１８９００yen
【カット炭酸泉＋ケアカラー＋UVプレミアムトリートメントTR】
5種類の栄養でキューティクル補修！更にホームケアとして
約２～３ヶ月お家ケアができる「170gのラメラマスク」付き！
今までのどんなヘアマスクよりもツヤツヤサラサラふんわりとするヘアマスク♡
週１、２回のスペシャルケア♡お手入れに自信のない方に特におすすめです。
『季節のショートスパ』をされる方はオプション温活スパサービス

”お家ケアも！”カプロオリジナルUVケアコース　２１０００yen
【カット炭酸＋ケアカラー＋UVプラチナコース】
キューティクル&内部補修のオーダーメイド式トリートメント10種類の栄養で
期間限定のスペシャルケア♡約２～３ヶ月お家ケアができる「170gのラメラマスク」付き！
最高級のヘアケアプランです
髪質改善、美髪を目指す素敵女子に是非おすすめメニュー！
『季節のショートスパ』をされる方はオプション温活スパサービス

【おすすめオプションメニュー】
◎プチアクセントカラー☆　インナーカラー☆　１９８０ yen（３箇所）
（ブリーチ使用の場合＋１５００yen）
◎期間限定季節のショートスパ　２６００yen→１９００yen
気分を更にスッキリ免疫力をあげたい方には、初夏温活スパ＋５００yenおすすめです！

生産性185万円を達成したメニュー

普段はノルマや売上目標は一切ないのですが、年末の繁忙月だけは例外で、前年の売上を超えたいという機運が高まります。

お祭り騒ぎのような雰囲気で、店販のインナーキャンペーンをして競ったりして、優勝者には金一封を出し、負けた人には自作の歌を披露するという罰ゲームも。みんな罰ゲームは絶対避けたいと、毎年頑張ります。けれど、2020年12月は新型コロナウィルス感染拡大の状況から、「あまりこだわらずに、やるだけやればいいね」と話していたんです。

ところが、結果的には2020年12月、一人当たりの生産性が185万円を超え、過去最高となりました。お客さまは旅行にも出掛けられないので、その代わりにご自分へのご褒美ということで、いつもよりアップグレードしたスペシャルコースを選んでくださったのです。約1カ月かけてメニューをつくり、社内でも試してその良さが実感できたので、自信を持っておすすめできた結果だったと思います。

生産性185万円達成時の年末クーポン実例

Capullo年末ご褒美カラーコース

今年夏大好評だった"あのヘアマスク190g"がCapulloオリジナルでデビュー！
スパはたるんだ頭皮、ストレスで硬くなった筋肉をほぐし"温活アロママッサージ"で
心身ともに疲れも緩和、免疫力もアップ！
８６%エコサートオーガニック認定取得植物配合＆抗酸化作用のあるカラー剤に変更可能
通常＋1000円→500円専用ホームケア付

■Capulloアプリ定番コース■

TRコース①カット炭酸泉＋カラー＋トリートメント
【保水TR(ケアカラー＋1000円)1398０yen ミドルコースTR(ケアカラー＋500円)15980yen】
スパ&TRコース②カット炭酸泉＋カラー＋季節のショートスパ＋サプリ
(＋300円で温活：＋1500円で温活＆クイックTR：＋1000円ケアカラー)
【14980yen】

■SINラメラヘアパック190g付コース■ ＋アイパック

①トリートメント重視【美髪ツヤツヤコース】
カット炭酸＋ケアカラー＋冬の６種TR
●22820yen→１８９９０yen●
＋1000円で１２種TRフルコース　＋1500円で１５種TRプレミアム

スパ&TR【疲れを緩和し免疫力アップ＆髪も艶やかに☆】
①カット炭酸＋ケアカラー＋濃厚コラーゲン温活スパ& クリームTR
●22800yen→19990yen●

②カット炭酸＋ケアカラー冬の５種TR＋濃厚コラーゲン温活クリームスパ
●25500yen→ 23000yen●
＋500円で１２種TRフルコース　＋1500円で１５種TRプレミアム

サロンで扱うのは全て髪と頭皮に優しい商品だけ

サロンで使い、販売しているシャンプーやトリートメントのほとんどはオリジナル商品です。成分からこだわってつくっていますから、安心・安全で、自分たちが自信をもっておすすめできるものです。髪と頭皮に優しい商品にこだわる理由は、「美意識の高い女性」というターゲット層がそれを好むからです。

シャンプーやトリートメントは、髪質のタイプに合わせて、4種類あります（標準、ダメージ毛用、スキャルプ、くせ毛用）。ダメージ毛用に関しては、サロン専売品のケア剤では納得がいかず、本気で髪を補修ケアする、最強の「毛髪機能再構築シャンプー＋トリートメント」をつくりました。こちらは、毛髪ケアの特効薬のようなものです。これを、1年間で約8000本販売しました（シャンプー、トリートメントの合計）。ヒットした要因としては、ランクの高いセットメニューに、このミニボトルをホームケアとして付けていたので、使った方からの反応が良く、店販が伸びたということがあります。これももちろん、戦略です。

スタッフみんなでアイデアを出し合ってつくり上げたというのも、大きな要因です。自分が関わったものは、お客さまにおすすめしたいですから。

サロンで使われているカラー剤は、髪と頭皮に優しい「低アルカリ」「低ジアミン」「抗酸化作用効果」「パラベンフリー」「アンモニアフリー」「香料フリー」「パラフェニレンジアミンフリー」「天然由来成分配合」「エコサート認証オーガニック」「ビーガン認証」「ハラール認証」のものを使っています。またカラーの工程にも次のようなこだわりがあります。

- 施術前は、髪と頭皮へのダメージを軽減するために、毛髪の主成分であるタンパク質を補給する
- 薬剤塗布の際は、タッチの回数を少なめにし（無駄を省く、時間の短縮、煩わしさの軽減）、優しく（髪を引っ張らない、はけの当たり方を意識）、耳にカラー剤を絶対に付けないように行う。ガンガン塗布していくサロンが多い→「美容室あるある」
- カラー剤塗布直後には、必ず余分な薬剤をコットンで拭き、保護クリームも取り除く
- カラーシャンプー後、トリートメントでダメージを補修する前に、毛髪がダメージする一番の原因である〝残留アルカリ〟を取り除き、頭皮と髪をニュートラルな状態にしてからトリートメントを行う

パーマ剤も同様に低ダメージの成分にこだわっています。カラーと同じく、施術前にタンパク質補給のためのケアをしっかり行い、シスチン結合を切る時間をできるだけ短くし、負担をかけないように施術するので、ダメージが少なくパーマの持ちも良いと評判です。

顧客目線のサロンづくりで記憶に残す

清潔第一のサロンにする

カプロの特徴の一つは、〝お掃除リーダー〟がいないこと。

サロン内の整理、整頓、清掃、清潔は徹底して行っていますが、清掃は専門のパートタイマーにもお願いし、タオルはレンタル業者に委託しています。

「タイムイズマネー」を旨としているので、アウトソーシングできるところは外部のマンパワーに任せます。スタッフにはその時間でできること、例えば、営業準備や練習、スタッフの教育など自分にしかできない仕事にあててほしいのです。

ただ一部については、エリアごとの担当を決めて掃除をしています。出勤前、日中、営業後などに分け、自分のやるべき仕事とうまく分けながら、担当エリアを常に清潔に保つように努めているのです。そのため出勤時間はおのおのに任せています（営業開始15分前の8時45分までに朝の準備を完了するルール）。

椅子や机に髪の毛が落ちていないか、お客さまのいないときにチェックしたり、清潔なシャンプークロスをお出しできるよう、除菌して乾燥させたりすることもスタッフの大事な仕事です。

癒し空間をつくる

今はコロナ禍の影響でドリンクサービスをストップしていますが、通常は期間限定の飲み物も含めて通常30種類以上用意しています（ちなみに現在は、ペットボトルのお水と個包装のお菓子をご提供中です）。

メインターゲットの子育て中の主婦や働く女性たちは、普段忙しくて、本を読みながらティータイムを過ごすということが、なかなかできません。まるでカフェに来たかのように、のんびりとした時間をカラーやパーマの待ち時間中（カラー：15～20分：パーマ30～40分）に味わっていただきたくて、充実したドリンクメニューやブックワゴンをご用意し、心地よいアロマの香りなどで、リラックス時間を演出しています。

お客さま情報の管理

「お客さまがどういう髪質でどんな悩みをお持ちか？」を知っていれば、より的確に商品やサービスをご提案できるので、それらの顧客情報は電子カルテとポスレジでの特記事項に残しています。またそれらはご来店時にスタイリストやケアティストからの声掛けで共有し、電話での対応時にも情報を取り出して、細やかにご要望に応えられるようにしています。

来店から退店までをストーリー仕立てでプロデュース

役割分担の明確化とともに、チーム力を鍛えているのが、カプロの「顧客体験＝商品」という考え方に基づく仕組みです。

技術のみならず、顧客がサロンで体験する全てのことと、その体験によって得られる感情までが商品であると考えているので、その商品づくりをスタッフ任せにするのではなく、細部までこと細かにマニュアル化し、価値の均一化を図っているのです。

サロンワークのどの「シーン」で「誰」が、お客さまに、どのような「体験」をさせてどのような「気分」になっていただくかを「設計」し、全スタッフがこの設計図通りにそれぞれの役割を発揮して、サロンワークを展開していきます。

サロンの来店から退店までの、お客さまの緊張や不安、期待といった心の動きを予測し、安心やリラックス、感動に置き換えられるよう、顧客体験全般をストーリー仕立てでプロデュースしていくのです。

徹底した顧客目線のオペレーションを通して、「時間」と「人」のロスを徹底的に削減しています。そして何よりお客さまの感情に寄り添うことでかゆいところに手が届き、「他店とは何かが違う」と記憶に残していくことを目的としています。

そのため、「商品」のクオリティが担保され、全員が重要な戦力となって生産性を引き上げ、スタッフの育成面でも高い効果を生んでいるといえます。

これら全ては、「チームプレー」を大前提とした商品設計により支えられています。スタイリストが頑張るだけではリピートはさせられません。スタイリストの確実な技術力、ケアティストのシャンプー、スパのクオリティ、お店全体でつくり出す空気感でリピートしてもらえます。

サロン経営を通して実現したいことと、それをかなえる仕組みによって、どんなチームをつくるべきかが決まってきます。ですから、チームワークのあり方はサロンによって異なるでしょう。全てが連動して初めて、チーム力を高めることができるのではないでしょうか。

▶ **目標：他店とは違う感動レベルの居心地の良さを体感してもらいたい**
ポイント①不快に感じる時間は「素早い作業」を
②癒しの時間は何があってもはしょらない

	18〜23分		3〜5分			15〜20分	
		→80分		→90分			→110分
ケアティスト or スパニスト				ケアティスト		スタイリスト	
カラー お流し	炭酸泉スパ	トリートメント	シャンプー後 お席へのご案内 (WC)	マッサージ	プロダクト説明 ブロー	次回予約／会計 アフターカウンセリング プロダクト説明 アフターカット	お見送り
メニューの体感を最大限高める				美容のプロとして、お客さまのプラスになることに注力する。			
リラックス ↓ 極上のリラックスタイム			リラックス ↓ 夢心地	リラックス ↓ 再び極上タイム	不安 ↓ 夢心地 or カプロへ興味津々	平常心 ↓ 安心感 リフレッシュ 興味	最高の時間をありがとう
体感に集中してもらうために話しかけない			静かなまったり時間		トリートメント仕上がり確認	ドリンク飲みながらほっこりタイム	スタイリストのお見送り
最高に気持ちいいシャンプー 丁寧な所作	癒しの時間	本気のプロの手技			使用するアウトバス説明	ゆっくりお茶してもらうことでバタバタ感の払拭	
照明を落としたシャンプー個室 体感に集中できる静寂な環境					丁寧なドライ&ブロー	お茶&あめちゃん	最高の笑顔と心からのありがとう
シャンプー個室の空間演出		100人100通りのオーダーメイドトリートメント			・POP ・メニュー表		

ターゲット分析から見える情緒的な強み：
お客さまの髪へ真摯に向き合う姿勢・細やかなおもてなし

時間		→ 5分	5〜8分 → 15分	8〜10分 → 25分	5分 → 30分	8〜10分 → 40分	15〜20分 → 60分	
担当		ケアティスト		スタイリスト	ケアティスト	スタイリスト&ケアティスト		
商品（体験）の棚卸し	お出迎え	ご案内 （WC）	ヘアスタイルの カウンセリング メニュー提案 お会計ご提示	カット	カプロケアの プレーンリンス（前処理）	カラー準備 カラー塗布	カラー待ち	シャンプー ご案内前のお声がけ （WC）
ねらい	スタッフ教育のために ケアティストも入客			「素早い作業」と 「丁寧さ」の両立		「素早い作業」をするための 「丁寧さ」の演出		
心の動き　一般的な状態	緊張 不安		ドキドキ 不安			ドキドキ	退屈 不安	やっと・・・
心の動き　持っていきたい状態	安心感		安心 期待		素敵な空間! こんなの 初めて	驚き ワクワク	リラックス ひとり空間	安心感 ワクワク
提供するサービス	心地よい アロマの 香り	店内の 温度の 確認	終了時間 と 料金提示	丁寧かつ 柔らかな コーミング、 髪の 触り方 など	極上の 癒し空間 初体験	使用薬剤を 丁寧に ご説明 まるで カフェの ような リラックスな 時間	店内の 温度の 確認 読みたい 雑誌を 自由に 選べる	シャンプー 中の お声掛けを 控える アナウンス
備えるべき環境・設備	アロマ ポット		・スタイルブック ・i-Pad ・電卓		シャンプー 個室の 空間演出	30種 以上の ドリンク メニュー	雑誌を 選べる ブックワゴン	

COLUMN 1

「手荒れ」で辞めるのは経営者の責任

佐藤真由子

カプロが安心・安全にこだわった商品を開発しているのは、お客さまの髪と地肌を健やかに保ちたいという思いからですが、それと同じくらい、薬剤を扱う美容師たちの健康を守りたいという強い気持ちがあります。私自身が薬剤による手荒れやアレルギー症状で苦しんだ経験から、同じ悩みを持つ美容師を少しでも減らしたいと願っていました。

20代の頃は、薬剤を素手で触っても全く荒れなかったのですが、30代初め頃から次第に体質が変わり始め、敏感に反応するようになりました。当時勤めていたサロンでは、カラーやパーマの後のシャンプーは、素手でしなくてはならなかったので、一度でもその「お流し」に入ると、ずっと痒みが止まらず、手荒れする一方でした。自分自身がカラーやパーマをした場合は、頭皮にヒリヒリと痛みや痒みが生じ、塗布箇所がただれたり、塗布していない部分にもじんましんが出るなどの症状が出ました。

一部のシャンプー剤には、泡立ちと洗浄力を高めるために、ラウリル硫酸ナトリウムやラウレス硫酸ナトリウムなどが含まれていますが、これらはタンパク質変容性という性質も持っているため、皮膚の保湿成分を溶かしてしまうこともあります。毛髪を補修する成分が多く配合されたものは、効果があると言われていますが、その成分に頭皮が反応し、痒みの原因になる場合があります。私もそのような物質が入ったシャンプーを使っていると、頭皮だけでなく、手荒れがひどくなったり、背中などにも湿疹ができてしまうことがありました。手荒れがひどい時は、手袋で保護しなければ、痛くてカットもできないほどでした。

カプロでは、どんな成分を配合すれば安心・安全なものがつくれるか、研究機関の協力も得て、理想のシャンプーやトリートメントを追求し、開発しています。特に配合されるタンパク質や香料が頭皮に痒みを及ぼさないか、敏感な肌の方にも使っていただける基準を満たしているかどうかなど、いくつものチェックを重ね、より安心・安全を目指しています。

カラー剤については、低アルカリや低ジアミンなどの薬剤を採用し、パーマ剤も低ダメージ成分の物を使い、それぞれできるだけ髪と頭皮への負担を軽減する方法で施術しています。

またカプロでは、シャンプーの時も、医療現場で使われている薄手の手袋を使用しています。こちらは素手のような感覚で使えるため、施術に全く支障が出ません。今でも手荒れで悩んで引退する美容師がいると聞きますが、素手で仕事をさせるのは経営者側のエゴです。美容師の指先や爪がカラー剤で黒く染まっているというのも、お客さまから見たら「そんな汚れた手で私の大切なバッグや上着を持ってほしくない」、そう思う人もいるでしょう。美を売る仕事に携わる者として、プロ意識は指先から伝わることが多いのではないでしょうか。美容師の手を守るのは、サロン側がするべきことなのです。長年、手荒れに悩んでいた私も、今では「手がきれい」と褒めていただけます。きちんと対策をすれば、美を提供する美容師として、指先から美しさを保つことができるのです。

CHAPTER

4

高生産性サロンの

店販

店販では「物」でなく、「価値」を売る

創業当初は店販比率が6％程度でしたが、2017年以降は基礎化粧品の販売も開始し、売上が倍増。2020年の店販比率は全体の13％となりました。繁忙期に至っては25％まで伸びています。これには商品付きのセットメニューの数字は含まれていないので、実際の商品売上は、全体の売上の中でかなり高い比率を占めています。

2017年12月に自社ブランドS・inを立ち上げ、現在はオリジナル商品の開発に力を注いでいます。シャンプーやトリートメントなどのヘアケア商材のみならず、酵素やビタミン、ヘム鉄などのサプリメント、スキンケアや基礎化粧品まで、現在はアイテム数が約40点に及びます。

「ターゲット層が求めるものを」と、スタッフでアイデアを出し合ってつくったこだわりの商品なので、お客さまに自信を持って提案しています。特にお客さまに提案したい店販品がある時期には、セットメニューに、ホームケア商品現品を含めて展開します。これをきっかけに商品の魅力を体感したお客さまが、次回以降、購入を継続してくださるケースが多いです。ただ単に物

を売るのではなく、いかにお客さまがワクワクするようなご提案ができるかを考えています。

お客さまがその商品を使うことによって、髪や頭皮の状態がよくなったり、生活の質が改善されたりすることに、「価値」を感じてくださるよう、商品開発をしたり、ご紹介の仕方を工夫しているのです。つまり、「商品を売る」のではなく、「価値を売る」ととらえています。

社内で開発してでき上がった商品や選りすぐりの仕入品が入荷した際は、社内でプレゼンをします。私たちからスタッフに、開発した理由、仕入れた理由、効果効能を改めて説明し、その商品に対する思いを伝えるのです。その時は私たち自身も興奮気味になります。

「この商品は、こんな効果が期待できるから、こういうお客さまに喜んでいただけるはず」「こういうおすすめの仕方がいいんじゃないか」と、参考になりそうな例や具体的な言葉の使い方も示します。その時は、スタッフの気持ちもワクワクするようなワードを使います。

お客さまが商品を購入される否かは、その商品によって自分の悩みが改善されたり、生活が良くなるかどうかで判断されることが多いので、まずはお客さまがどんな不安やお悩みをお持ちなのかを理解してご提案することが大事です。その上で、スタッフが実際に試してみて本当に納得がいく物だけ、お客さまにおすすめします。その際にどんなワードを使えばお客さまに響くか、より良さが分かっていただけるかについて、参考になりそうなことを社内で共有します。

カプロにはノルマも目標もないですから、商品アプローチの数字設定もしません。それでも店販比率が伸びている訳は、自分たちが物でなく価値を売っているのだという意識が、能動的な活動につながっているからだと思っています。

オリジナル商品にこだわるわけ

カプロの店販商品の大半は、自社開発商品です。なぜ仕入品では飽き足らず、オリジナル商品の開発に行き着いたかというと、まず、仕入品のほとんどがインターネットで安く売られているため、お客さまからの信頼を得られず、店販売上にもつながらないと考えたからです。そこで、自分たちが本当に納得のいく物をつくってサロンで展開し、店販商品の付加価値を高めていくことにしました。商品開発への参画で、スタッフのモチベーションを上げたいという目的もありました。

またそれに加え、大きな動機となったのは、サロンで使うシャンプーやトリートメント、カラー剤、パーマ剤などは、できるだけ安心・安全な物にしたいという思いが強まったことでした。それは、美意識とともに、健康意識も高いメインターゲットのお客さまのニーズとマッチすることはもちろん、私たちスタッフの身体を守ることにもつながるからです。

実際、シャンプーやカラー剤などで手荒れがひどくなったり、アレルギー反応が出て、仕事を続けられなくなる美容師が多いのです。カプロのスタッフにも、それが原因で過去の職場を離れざるを得なかったという者もいます。理美容業界にあるその状況を改善したい！　そうした思いも商品開発には込められているのです。

スタッフが得意分野の商品開発に携わる

商品開発や仕入品の選定にはスタッフ全員が、それぞれの得意分野で参加しています。

例えば、コスメの知識が豊富なスタッフはコスメ開発を担当し、健康オタクな人はサプリメントや健康飲料の開発に携わったりと、自発的に取り組んでいます。この背景には、数名のスタッフが抱いていた「いつかコスメ商品をつくりたい」という夢をかなえてあげたかった、新しいものをつくるという活動を通して刺激を与えたかった、という思いがあります。普通の美容師ができないことをさせてあげたかったのです。

業務がサロンワークだけでないということも、やる気につながっていると思います。

店販の対価は歩合制になっています。ただ、その報酬が欲しいからというだけでなく、自分たちが開発した商品をお客さまにお伝えしたいという点も、動機付けになっていると思います。

顧客とのコミュニケーションがうまく図られているスタッフは、店販率も高く、業務もうまく回っている傾向にあります。一方で、店販率が低いスタッフは、業務が立て込み過ぎていて、顧客と会話する時間が十分に取れていないケースもあります。

それを責めるということではなく、そこから読み取れるものから、どう業務を見直していくのかを考え、常に仕組みの改善につなげています。

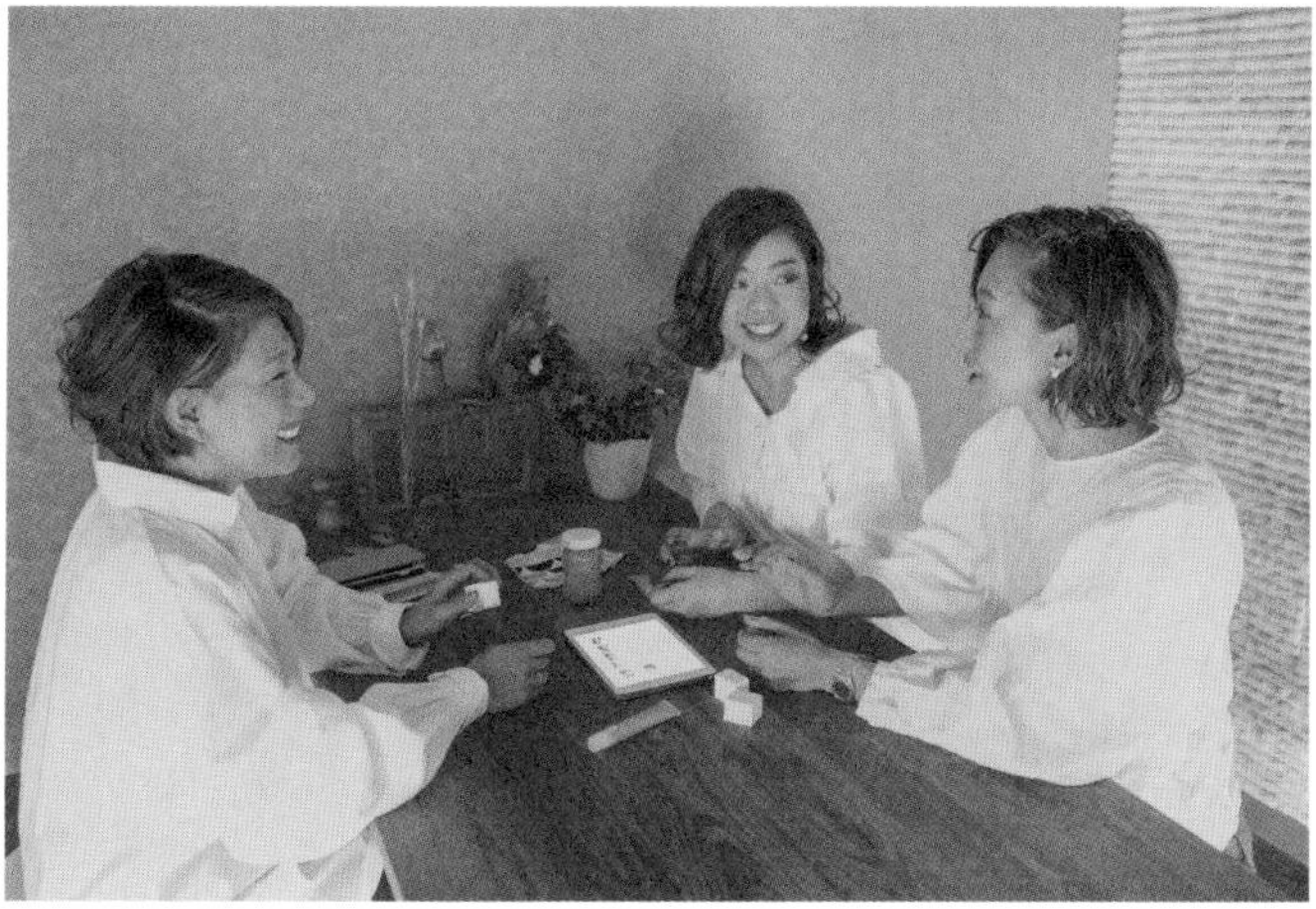

オリジナルブランドSinのプロジェクトメンバー

お客さまに説明しないのは〝悪〟

カプロの店販商品に関する考え方は次の通りです。

● 必要な物・良い物をご紹介する!

● お知らせしないのは〝悪〟

● 「買う」「買わない」を決めるのはお客さま

「良い物、お客さまにとって必要な物を提案しないのは〝悪〟。プロ失格」という考えを共有しています。自社ブランド「Ｓｉｎ」の商品は、「自分たちが使いたい!」と思うものをこだわり抜いてつくったアイテムばかりなので、お客さまがより美しくなるお手伝いをするものであると確信しています。

ですから、ヘアケアのプロとしてそれをご紹介するのは義務。お客さまの懐具合を勝手に判断せずに、良い物をおすすめして、購入するかどうかはお客さまが決める、というスタンスです。

お客さまがどういう髪質で、どういったお悩みがあるかを把握していれば、より明確な提案ができるので、その情報共有もしっかりしています。単なる「商品説明」にとどまらず、この商品を使うことによって、お客さまにどんな価値をもたらすのかをきちんとお伝えするのです。そうした取り組みにより、店販比率は右肩上がりで伸びてきました。

提案のムラをなくす連携

自社製品、仕入品共に、お客さまにご提案したい商品は、まずスタッフにプレゼンします。そもそもスタッフが興味を持たない商品は、お客さまにご案内する価値がないと思うので。そしておのおので試します。

これも「美容室あるある」ですが、「商品をお客さまにおすすめするのは、押し売りみたいで苦手」とスタッフが口にすることがあります。しかし、カプロでは良い物をご紹介しないのは、プロ失格ととらえていますから、ムラなくお客さまに必要なものをきちんとご紹介するよう、スタッフ間の連携を図っています。

連携といっても、それはシンプルなものです。ロープレも一切しません。あれもこれも商品を紹介されるのは、お客さまも迷惑ですし、連携が鮮やか過ぎるのもげんなりされるでしょう。

常連のお客さまであれば、購入履歴のデータを確認して、今持っていらっしゃる物の延長で、必要なもののみをご提案するようにします。新規の方には、髪と頭皮の状態をよく確認してからご紹介します。タイミングはサロンワークの流れの中で、シャンプー後、カラー中、カット中、仕上げ中などを見計らい、状況をケアティスト、スタイリスト間で共有します。ケアティストはお客さまに説明したことをスタイリストに伝え、スタイリストがクロージングします。「この店販の歩合は何としてでもケアティストに付けてあげたい」との思いから、スタイリストは一生懸命クロージングに取り組みます。これはカプロの風土として定着していて、チームワークや人間関係の良さにつながっています。

中にはあまり売上が伸びない店販商品もあります。そうした場合、どうしたら出るのか？　というような対策は考えずに、速攻で撤去します。そしてスタッフがよりおすすめできるものに切り替えます。

おのおのが「このお客さまには、この商品が必要だ！」と強く思える物でなければ、きちんと説明できませんし、お客さまにも伝わりません。特にスタッフ自身がこれはずっと使っていきたい！　と思う商品は、自信を持ってお客さまにもおすすめできるので、一番店販売上につながります。ですから、最初のスタッフへのプレゼン提案が重要になるのです。

開発者の思いと、スタッフが自分も使いたい！　お客さまにもご紹介したい！　という思いが重なって、本当に良い商品だけが残っていきます。

サロン在庫は必要なものだけに

サロンの全ての在庫は、必要最小限にすることを心掛けています。

これも「美容室あるある」なのですが、一般のサロンには、オーナーがいいと思った物を一遍に大量に仕入れてしまい、デッドストックを抱えているケースが見受けられます。

また講師という立場で他のサロンへ行くと、月に1、2度使うかどうかというようなカラー剤の在庫をいくつもストックしているのを見ます。「たまに必要だから」というのが理由ですが、「その〝たまに〟がどうにかならないか？」というのがカプロの発想です。

まず、無駄なものはサロン内に入れたくないので、在庫にあるもので配合してつくれるものは、購入しません。カラー剤もできる限り調合してつくれるものは、あえて仕入れないようにします。

流行色や流行っている薬剤でもサンプルを各店舗に必ず取り寄せ、実際にサロンワークで使用できる薬剤であるかをしっかり見極めます。「カラーの待ち時間＝18〜20分」をカプロの絶対条件としているので、この製品でタイム内での染まり上がりが可能かどうかを検証します。流行りの色みについても、今あるものではつくれないか、髪や頭皮に優しいものであるかをチェック。パーマ剤であれば、パーマ1液付け巻きで、お客さまの待ち時間3〜5分の施術がその製品で可能かどうか、ダメージや臭いはどうかなどを確認します。さらに、頭皮や髪へのダメージについては今扱っている製品以上に優しいものか、またコストが高くならないかもしっかり見極めています。このように、たった1種類の薬剤を導入する際にも、スタッフは強い責任感を持ってチェック・管理しています。

新しく薬剤を3品入れる場合は、使用稼働が少ない薬剤を同じ数だけ減らすようにしています。商品も同じで、例えば、新しくワックスを入荷した際は、その分同じようなものを削っています。そうした積み重ねにより、カラーやパーマの薬剤の在庫は、一般サロンの半分ほどをキープしていると思います。それが在庫管理をするスタッフの負担軽減にもつながっているのです。

在庫管理については、店長がメーカーさんごとに担当の在庫係を任命しています。棚卸しは年に2回行っています。

重要なことは、〝発注点数〟を決めていることです。機会損失を避けるため、商品の欠品は絶対に許さないというスタンスなので、売れ筋の物は多めに仕入れますが、あまり出ないものは、最小限になるように調整しています。季節商品は、返品できるか否かを事前にメーカーさんに確認した上で、可能なものは返品対応をしてもらっています。関係先とのコミュニケーションを密にして、適正在庫に務めることで無駄を防ぎ、コスト意識の大切さをスタッフに伝えています。

CHAPTER

5

高生産性サロンの

働き方改革

オーナーとスタッフの役割分担の明確化

「チームワーク」こそ、生産性を上げるために一番重要な要素だと考えています。人と人の足し算ではなく、掛け算のパワーを発揮するためにまず整理したのは、サロン内にあるさまざまな役割の担当を決めることでした。

多くのサロンにおいて、実は明確になっていないのが、経営者とスタッフの役割分担です。特に生産性を上げるという目的に関して、スタッフ個人への依存度が高過ぎると、不確実なものになってしまいます。

そこでカプロでは、経営者がサロンマネジメント（＝サロンの仕組みづくりと労働環境の整備）を担い、スタッフは顧客マネジメント（＝目の前のお客さまに確実にリピートしてもらうための施術・接客）に責任を持つ、という役割を明確に定義しています。

経営者の行うべきサロンマネジメントには、具体的には次のようなことが含まれます。

● 店舗のインフラ整備

- スタッフが顧客マネジメントに集中できるサロンのオペレーションづくり
- 新規集客方法の確立
- スタッフの多様な働き方に応じた労働条件の設定
- スタッフが力を発揮するためのキャリアパスと評価制度の策定

一方、スタッフの役割である「顧客マネジメント」とは次の通りです。

- 顧客満足に集中し、お客さまとの関係性を深める
- お客さまのニーズを引き出す
- 顧客情報を管理(電子カルテに入力)
- 複合率アップ(結果、客単価アップ)
- お客さまの再来率と定着率を高める

このすみ分けがしっかりされずに、経営者がやるべき仕事をスタッフに任せていると、スタッフが十分に力を発揮できず、サロンの生産性も上がらないことになります。

経営者が悩みがちな、「スタッフが会社の方針に則った行動をとってくれない」「すぐ辞めてしまう」というような「スタッフの問題」も、経営者の怠慢による労働環境に要因がある場合が多いです。

つまり、経営者が「スタッフの問題」ととらえていることのほとんどは、「経営サイドの問題」にあります。オーナーはスタッフが「顧客マネジメント」に徹することができるよう、労働環境整備をすることが重要なのです。

スタッフが力を発揮する環境を準備するのは、経営者の仕事

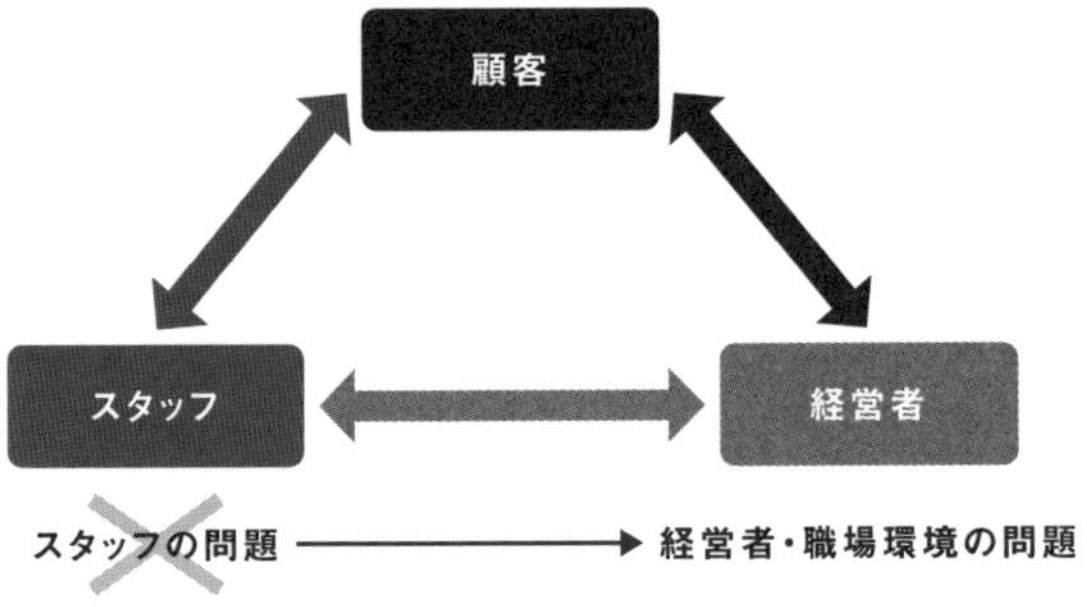

2つの視点を持つ

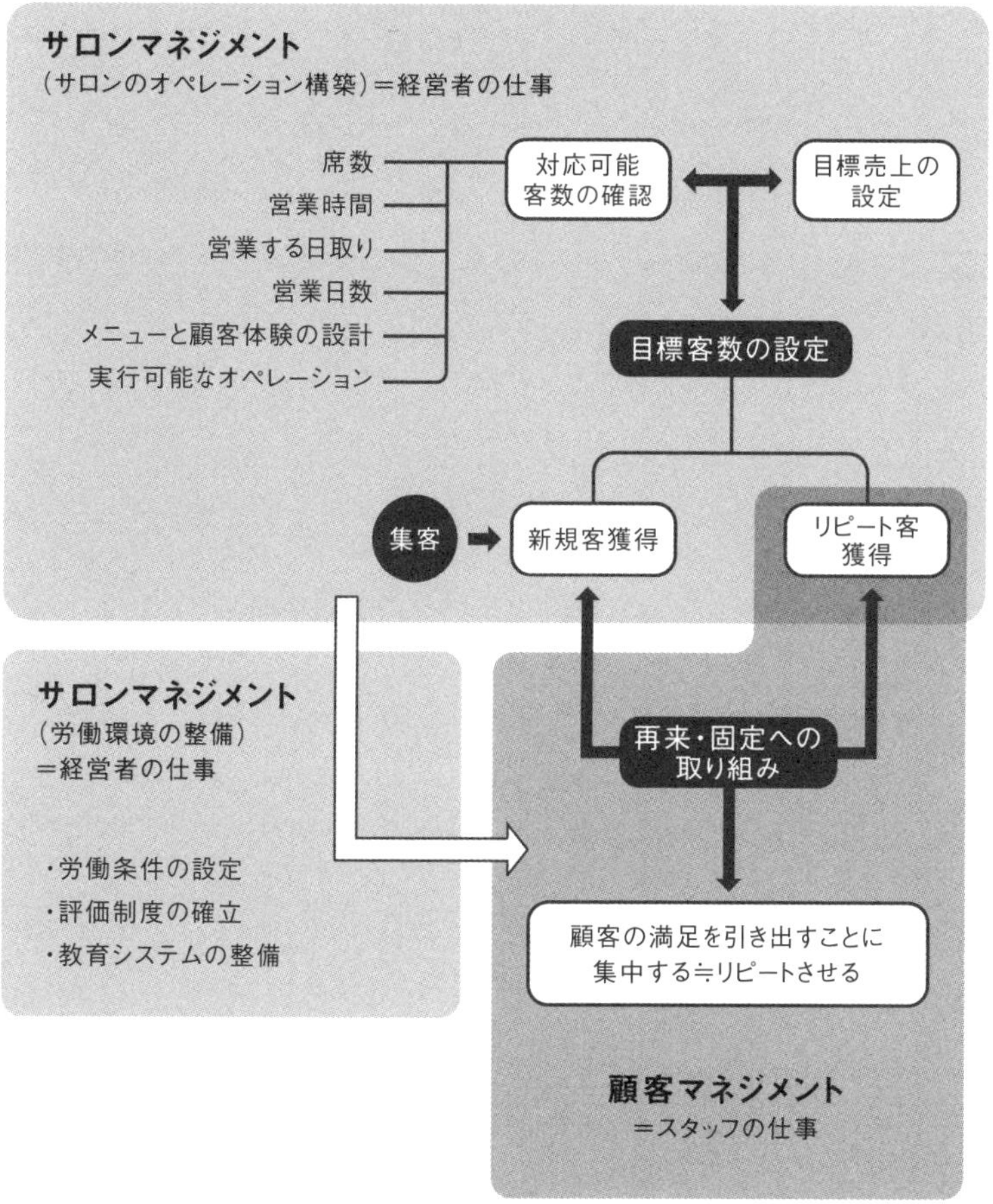
サロンマネジメント
(サロンのオペレーション構築)=経営者の仕事
席数
営業時間
営業する日取り
営業日数
メニューと顧客体験の設計
実行可能なオペレーション
対応可能客数の確認
目標売上の設定
目標客数の設定
集客
新規客獲得
リピート客獲得
サロンマネジメント
(労働環境の整備)
=経営者の仕事
・労働条件の設定
・評価制度の確立
・教育システムの整備
再来・固定への取り組み
顧客の満足を引き出すことに
集中する≒リピートさせる
顧客マネジメント
=スタッフの仕事

採用の秘訣

カプロの採用は紹介会社に頼りません。求人募集サイトなどに掲載したこともありますが、正直、不採用になるケースが多いからです。「他と比べてみて何となく良かったから」という感じで応募してくる人が多く、面接をしても、カプロに入りたいという思いが伝わってこないのです。実際、採用が決まっても、試用期間の間に断念する人がほとんどです。

それに対して、弊社ホームページから応募して来る人の場合は、採用、定着する確率が高いです。いいことばかりではなく厳しいことも書いてある「リクルートページ」をしっかり読み込んで内容を理解し、カプロの思いに賛同した上で来てくれるからです。「新規集客」と同じく、〝欲しい人〟をこちらでしっかり決めて告知しているので、大きくブレることがありません。採用の際、一番重要視しているのが、「素直さと向上心」です。もちろん、面接で良いことしか言わない場合もあるので、しっかり試用期間を設けて、その間で見極めている感じです。

最近は面接時に技術チェックもしています。もちろん、どのくらいの技術力があるかを見ているのですが、それよりも重要なのは、チェック後の助言の受け取り方や施術に対する姿勢です。言い訳をするような人は、残念ながら不合格になることが多いです。

（以下、カプロウェブサイト（リクルートページ）より一部抜粋）

当社が大切にしていること

【陰口・悪口は即退社！】

「社員全員女性なので、人間関係大丈夫？」と、よく聞かれます。カプロでは陰口・悪口を耳にしたら即退社というルールがあります。グループを作ったり陰口悪口をいうのは暇人がする事です。人間関係に悩むことなく、美容に集中できる環境を用意しています。後輩、先輩、店長、社長など関係なく、お客様からも羨ましがられるほど、とても仲の良いプロフェッショナル集団です。

【チームワーク】

業界でも注目いただいているほどの生産性の高さは全国でもＴＯＰクラスです。それは、「チームワークの賜物」。スタイリスト、アシスタントに関係なく、お互いを尊重し、意見が言い合えるとても風通しの良い環境です。

スタッフの定着率を上げるには

事業規模が急速に拡大していったころ、スタッフの退社が増えた時期がありました。その時に経営者として反省し、見直したことがあります。

それは、「教育」のやり方です。もちろん、現場では大事なことを伝えるためについ厳しくなることもありました。その厳しさに耐えきれず辞めていったスタッフも少なからずいました。

そうした人材の流出をなくしたいという思いから、スタッフ一人ひとりの適性に合わせた声掛けや業務管理の仕方に改め、「レッスンが面白い！」と感じてもらえるような教育のやり方に変えました。

スタッフおのおのの良さを認めてあげながら、楽しいレッスンにする、できないことばかりに目を向けるのではなく、練習してできたことにフォーカスを当ててやる気を引き出す、というふうに教育方針を変えたのです。

それにより、サロンの空気が変わりました。みんなが感謝の気持ちを持って尊重し合い、先輩、後輩の信頼関係がより深まったのです。サロンワークにおけるチームワークの大切さを全員が再確認することとなりました。

（以下、カプロウェブサイト（リクルートページ）より一部抜粋）

あなたに期待していること

【自分で自分の限界を決めない】

できる人とできない人の違いは『マインド＝想い』です。

まだまだできるのに、「自分はこんなもんだ…」と知らず知らずのうちに諦めていませんか？

売上＝お客様を喜ばせた数＝あなたの存在価値　です。

もっともっと必要とされて輝けるステージでチャレンジしてみませんか？

今まで見れなかった景色を必ず見ることができます。貴女はまだまだできるのです！

求める人物像

【素直で向上心のある方】

技術がすごいとか、成績が優秀だとか、実はそこには全然重きを置いていません。

できるできないではなく、やるかやらないか？

カプロはやる気があって努力できる方には、どこまでも輝けるステージをご用意することを約束します。自分でさえ想像できなかった未来をお約束します。カプロは9割以上中途採用のメンバーで構成されています。今まで理不尽に思っていたことを一切排除し、働きやすい環境で優しい先輩や後輩の元、ぜひイキイキと輝くためのバックアップをさせていただきます。

一般企業水準以上の給与体系を実現

美容師の仕事は一般的にハードな労働条件だと認識されています。肉体労働と接客サービス、技術向上のための訓練があり、国家資格を有する技術者なのに、給与水準が低いと。私たちは創業当初からそれを変えたい、美容師の価値を向上させたい、と思ってやってきました。それには、スタッフには美容業界内のみならず、一般的な感覚としても、良い給与と待遇を提供できる仕組みを構築する必要がありました。

これを実現するためには、コンスタントに高い生産性を上げられるビジネスモデルの確立が必須でした。これまでご説明してきた全ての施策が、そのための取り組みに当てはまります。そうしてようやく目指していた目標が見えてきました。

現在、カプロのスタイリスト（正社員）の平均年収は、約600万円となっています。役職者のトップスタイリストでは、700〜800万円超という高い水準となりました。2022年4月の新卒採用では、一般企業に就職する大卒の平均給与よりも高い給与水準にしようと決めました。新卒のアシスタントの初任給を23万円で告知したのです。美容師は国家資格なので、当然そうあるべきだと考えてのことです。

これはカプロが生産性を上げているからこそ可能なことで、「物心共に幸せになってほしい」という創業当初からの思いをやっと形にすることができたと思っています。もちろん今後もより進化させ続けていくつもりです。

良い給与&待遇を提供できるのはどちらか？

A 1000万円の売上を
20人でつくり、生産性50万円

B 1000万円の売上を
10人でつくり、生産性100万円

➡ **もちろん、Bタイプのサロン！**

定休日週2日制を導入

待遇面でいえば、月・火曜日を店舗の定休日にして、完全週休2日制にしています。これも一般企業と同じ水準に持っていくことが、国家資格を有する美容師の価値向上につながるのではないかと考え、導入しました。

完全定休2日制というのは、小規模のサロンでは増えてきているかもしれませんが、まだ一般的ではないと思います。交代制で週2日休めるようにしているところは増えていますが、サロンが開いているとどうしても、自分だけ休んでいると気になってしまったり、電話で呼び出されたり、中途半端になってしまいます。ですから、2017年、大阪府豊中市の店をオープンしたタイミングで、完全定休週2日制にしたのです。

この時、定休日を週2日にすることで、単純計算して売上が数百万円ほど下がる可能性があったので、そうならないためにはどうしたらいいか？　を社内で話し合いました。

解決策として、まずコースメニューの〝松・竹・梅〟を強化することを決めました。それまでもお客さまにはトリートメントの重要性を伝えてきたので、トリートメント比率は6割以上あったのですが、トリートメントメニューをマスト化したのです。

また、全ての「原価」の見直しをしました。一斉に現行のコストに無駄がないか、洗い出しました。使っていたカラー剤などの仕入れ品について、「必ずしもそれが正しいとは思わず、世の中にたくさん新しい製品があるのだから、よく吟味しよう」と、メーカーさんにもご協力いただき、定番商品も全部、チェックしました。それにより、いろいろと無駄があった部分にも気付き、全て整理したのです。

営業時間はそれまで朝10時スタートだったのですが、9〜19時に変えました。

「売上をダウンさせずに、2日の休みを確保したい」

その目的を達成するために、みんなが一丸となって協力し合いました。今振り返ってみると、おのおのが現状を見つめ直し、「考える力」を伸ばすことができたきっかけだったと思います。

また、当時、他店では完全定休2日制はまだあまり行っていなかった中、導入に踏み切ったことで、リクルートのアピールにつながり、スタッフの結束も強まりました。

結果として、売上は一円も落ちずに、むしろ売上と利益が増えました。毎年生産性が伸び続けることになったのです。

多様な働き方に応える

創業以来、2名のスタッフが産休・育休を取得して仕事に復帰しています。妊娠して体調が優れなかったり、親御さんの介護をしているスタッフには個別対応し、みんなにも伝えて、協力してもらっています。

これまでいろいろなケースがありましたが、誰一人文句を言うようなことはなく、みんな協力的です。いつ自分自身がその立場になるか分からないので、いわゆる助け合いの精神が働いています。

女性だけの職場なので、急な結婚や妊娠、出産などで予定が狂うことはありますが、特にリスクとはとらえていません。なぜなら働き方を考えてあげたらいいだけなので。例えば、妊娠中、9時から19時までの勤務はきついのだとしたら、いつまでだったら働けるかというふうに対応案を考えます。そうすることで、そのスタッフも働き続けることができますし、サロンとしても大助かりです。

ライフステージの変化によって、仕事とプライベートのバランスが変わることはあります。それに合わせて時短で働くとか、パート従業員として働くとか、いろいろな選択肢があることが大事だと思っています。ただ報酬に関しては、ボーナスは正社員のみにするなど、分かりやすくしています。みんなの納得がいく評価体制を取ることが重要です。

女性美容師の場合、30代が一番技術力もマネジメント能力も向上し伸びる時ですが、この時期の離職率が最も高く、復帰しない人がほとんどともいわれています。

この世代の離職は美容師と保育士に非常に多いらしいのですが、単純にハードで働けないのが理由のようです。結婚して、子どもも生まれて、独身時代よりも働きたい気持ちが強くなる人も多いはずなのに、辞めなければならないのは社会の損失でしかないです。

まずはそうしたことにならないように、カプロではスタッフが働き続けやすい環境をつくっています。

他店で店長を経験したスタッフが、そのサロンに在職当時〝女性の働き方〟について提案をしたところ、男性オーナーから「そんな都合のいいことは許されない」と意見をされたことがあると聞きました。カプロは女性しかいませんし、そうした心配はないですから、〝お互いさま〟〝助け合い〟の精神でやればいいと思っています。

結婚や子育てだけでなく、家族の介護など、ライフステージには仕事と両立するに当たって存在する、さまざまな壁があります。それをスタッフが乗り越えていくことができるよう、仕組みを確立しつつ、一つひとつ柔軟に対応していくことが重要だと思っています。

サロンのＩＴ化を推進

サロンオペレーションを円滑に行うために、「アップルウォッチ」を全員に支給しています。それまで桑名市の5店舗では、空席状況や店舗間でのお客さまやスタッフの移動を把握するためにスマートフォンを使っていたのですが、よりタイムリーに情報共有しやすいアップルウォッチに切り替えました。

主に使っているのは、ＬＩＮＥアプリと電話機能です。インカム（無線機、トランシーバー）よりもスマートで、お客さまとの会話にも支障をきたさないところが利点です。

例えば、他の店舗へ間違えて行ってしまったお客さまや、トータルビューティ専門店舗へご来店後にヘアの店舗をご予約のお客さまの移動の連絡などをスタッフ間でやり取りしています。

「〇〇様、少し早めに施術終わりました。今向かっておられます。お時間まで少しお待ちいただくかもしれないことをお伝えしました！　お願いします〜！」

「足をお怪我されています。2階席ではなく1階席で施術をお願いします！」

「当日予約が入りました」

というような会話が、バンバン飛び交っています。

また、紙カルテも２０１７年に廃止し、電子カルテに変更しました。紙カルテを準備・収納する時間が業務時間を圧迫していた現状から、いつどこでもオンラインで顧客情報を管理できる方がより効率的でお客さまのためになると判断したからです。

LINE アプリでの会話例

〝働きがい改革〟を推進中

スタッフの「得意を伸ばす」ことに注力しています。

そのための取り組みとして、独自の技術教育プログラムを組んでいます。年2回、ボーナス前の6月と11月、自己評価シートに記入してもらい、自己評価↓店長評価↓代表評価と、三者面談をしています。場合によっては上司5名対1（個人）もあります。

半年間の行動目標の達成度合いを振り返り、中長期に目指したいキャリアビジョンを共有、それに向けて、その後の半年間の目標（定性面）をお互いに決めます。その際にじっくりと本人の意向もヒアリングします。そして、また半年後の面談で、結果について振り返りをするといった流れです。

美容師でいたいけれど、カットはしたくないとか、アイデザイナーにも興味があるとか、個人々々によって、「なりたい像」が違います。ですからそれぞれの希望に合わせたカリキュラムをスピーディにカスタマイズし、「オーダーメイドカリキュラム」として対応しているのです。

詳しくは、CHAPTER6の138ページの図をご参照ください。

人によってやりたいこともモチベーションに感じることも異なります。サロンで働く上での必須技術やマナーは最低限身に付けてもらいますが、スタッフのやりたいことを早期に伸ばすサポートをしたいと考えています。

もちろん、「自他共に認めるくらい努力しているか？」をしっかり見極めることが必要です。その上で、やりたいことに全力で取り組んで結果を残した際には、活躍できるステージを必ず用意します。

そうやって常にスタッフがモチベーションを落とさず、〝働きがい〟〝やりがい〟を感じて、ワクワクできる環境をつくることが経営者の責務だと感じています。その意識を忘れずに、スタッフ満足を引き出すことが肝要なのです。

私たちは経営者として、お客さまファーストではありません。スタッフファーストです。そう言い切れるのは、スタッフの日頃の頑張りをいつも間近で見ているからです。

スタッフはお客さまファーストであるべきですが、私たちはスタッフが第一です。このことは社内でも宣言しているので、スタッフが信頼して付いて来てくれているのだと思います。

経営者はスタッフの人生を預かっていますから、責任重大です。スタッフのパフォーマンスが低下すると、お客さまへのパフォーマンスも低下し、失客にもつながります。それを防ぐためにも、スタッフのモチベーションを上げることがとても大事なのです。

CHAPTER 6

高生産性サロンの

人材育成

美容業界で「人が育たない」という通念を打ち破る

現在、日本では、美容師は憧れの職業とは言い切れません。離職率が高いことでも有名な業種で、どちらかというと「ブラック企業」なイメージが拭えないのです。

理由の一つは、前述の通り、美容師の平均年収の低さ。国家資格を持っている技術者なのに、一般会社員の平均年収の足元にも及ばないという現状があります。

もう一つは、美容師の拘束時間の長さにあると思います。労働時間の長さに加えて、新しい技術の習得のために休日が削られ、疲弊している美容師も多いのです。

つまり、物心共の幸せ成立が難しく、美容サロンは、「人が集まらない」「育たない」「続かない」状態が続いていると言えます。

私たちはそんな美容サロンの負のスパイラルを次のようにとらえています。

- 人が育たない、続かない

→やりがいや居場所をそこに感じないから

●低賃金
↓生産性が低いから
●重労働と感じる
↓レッスン時間も労働と考えているから。レッスン時間は未来への投資、必要なこと
●成長を見込めないキャリアモデル
↓疲れ果てて、会社や上司の愚痴ばかり言うカッコ良くない先輩たちみたいになりたくない

逆を言えば、上記の全てを解消できたら?

最高の組織になります! カプロではそれを目指しています。

物心共にＨＡＰＰＹになるためには、絶対に生産性を上げなければ実現できません。また、志の高い人材を採用し、長く一緒に働いてもらうためには、労働環境を整えるとともに、成長できるキャリアプランと評価制度を提示しなければなりません。そして、充実した教育の機会を用意する必要があります。

幸い、カプロには外部講師も務める優秀な講師陣がそろっています。シャンプーやカット、まつエク、スパなど、やる気を引き出しながら、楽しく学べる体制も整っているのです。

休みの日に頻繁に練習会や講習会を開くのも、「美容室あるある」ですが、カプロではレッスンは基本、水・木・金のみで、自社内で行っています。

この仕組みは最初から確立していたわけではなく、いろいろなやり方を試行錯誤しながら、備わってきました。その経緯について次の項でお伝えします。

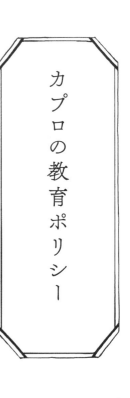

カプロの教育ポリシー

先輩から後輩へ技術（財産）を引き継ぐ

美容師は、美容学校を卒業しても、すぐにお客さまを担当させてもらえるまでの技術が身に付いているとは言えません。先輩からシャンプー技術を教えてもらい、カット技術を学んで、ようやく担当につくことができるのです。技術の対価としてお客さまから料金をいただくので、美容師にとって、自分の技術＝財産です。美容師同士はあえて言えばライバル同士ですから、先輩後輩の関係性が良くなければ、この財産の受け渡しは上手くいきません。

カプロには後輩＝未来のライバルに対しても、何でも惜しみなく教える風土があります。自分の財産を無償で受け継いでいるのです。それは、サロンの生産性を全員で押し上げているチームワークのおかげでもあります。売り上げを支えてくれているケアティストに技術を継ぎ、技術を教えてくれた先輩を支える。お互いの頑張りをたたえ合う気持ちと思いやりがなくては、この図式は成立しません。

お客さまからのクレームをバネに

社内の仕組みが最初からうまく回っていたわけではありません。

事業が急速に拡大し、スタッフも増員する中、おもてなしや技術指導、サロンでのオペレーションがうまくいかず、お客さまからたくさんクレームをいただいた時期がありました。「カプロって、〝おもてなし〟を大事にする美容室じゃなかったの？」「トリートメントの仕方が変わった？全然気持ちよくなかったんだけど」「誰が担当しても今まではシャンプーが気持ち良かったのに。下手な子に当たると損した気分だわ」といった厳しいお言葉が寄せられたのです。

私たちも世間の注目が集まる中、顧客の期待に応えきれるかという不安から、心の余裕を失っていました。スタッフに対して叱ったり注意するばかりで、離職者も多く出てしまいました。

そこから立ち直れたのは、今教育現場のトップにいるメンバーたちが、根気強く後輩たちに向き合い、教育の仕組みをつくってくれたおかげです。後輩が成長できないのは教え方が悪い自分たちに問題があると反省し、改善を重ねてくれました。

会社の教育方針もがらりと変え、「楽しんでレッスンする」ことを柱としました。業務中も個々人の適性に合わせた声掛けを行い、「美容師って面白い！」と感じてもらえるようなやり方に変えたのです。

教育に携わることを拒んでいたスタッフも、今ではトップ講師に

現在、全スタッフのシャンプーやスパの教育を担当している、天才スパニスト山田は、まさに楽しいレッスンを実践している一人です。仕事の楽しさを伝えながら、できないことより練習してできたことにフォーカスを当て、教えてくれています。

そうした教育こそが本当の教育で、お互いに思いやりと感謝の気持ちを持つことができます。先輩が、「教えてあげている」という傲慢な態度でいては駄目ですし、後輩も大事な財産をいただいていると感謝して、レッスンに臨まないといけません。

山田も中途採用でカプロに入ってきた時は、「自分は教育とかしたくない。人となるべく関わりたくない」と私たちに話していたのです。それが今では、「自分の教え子がお客さまからシャンプーを褒められることが、何よりもうれしい！」と言っています。

山田に何が起きたのか？　それは、後輩たちが、社内のテストに合格すると真っ先に山田にお礼を伝えに来たり、シャンプーやスパの施術でお客さまからお褒めの言葉をいただいたりするのを見て、自分が必要とされるということの有り難みを感じたのだと言います。教える側と教えられる側のお互いが本気で向き合うことで、山田自身の価値観も変化したのです。

私たちも山田をはじめとした幹部のメンバーたちの頑張りにより、サロンワークが明らかに改善されていくのを見て、教育の大切さを改めて感じ、キャリアパスと評価制度の仕組みをしっかりと構築しようとの思いに至りました。

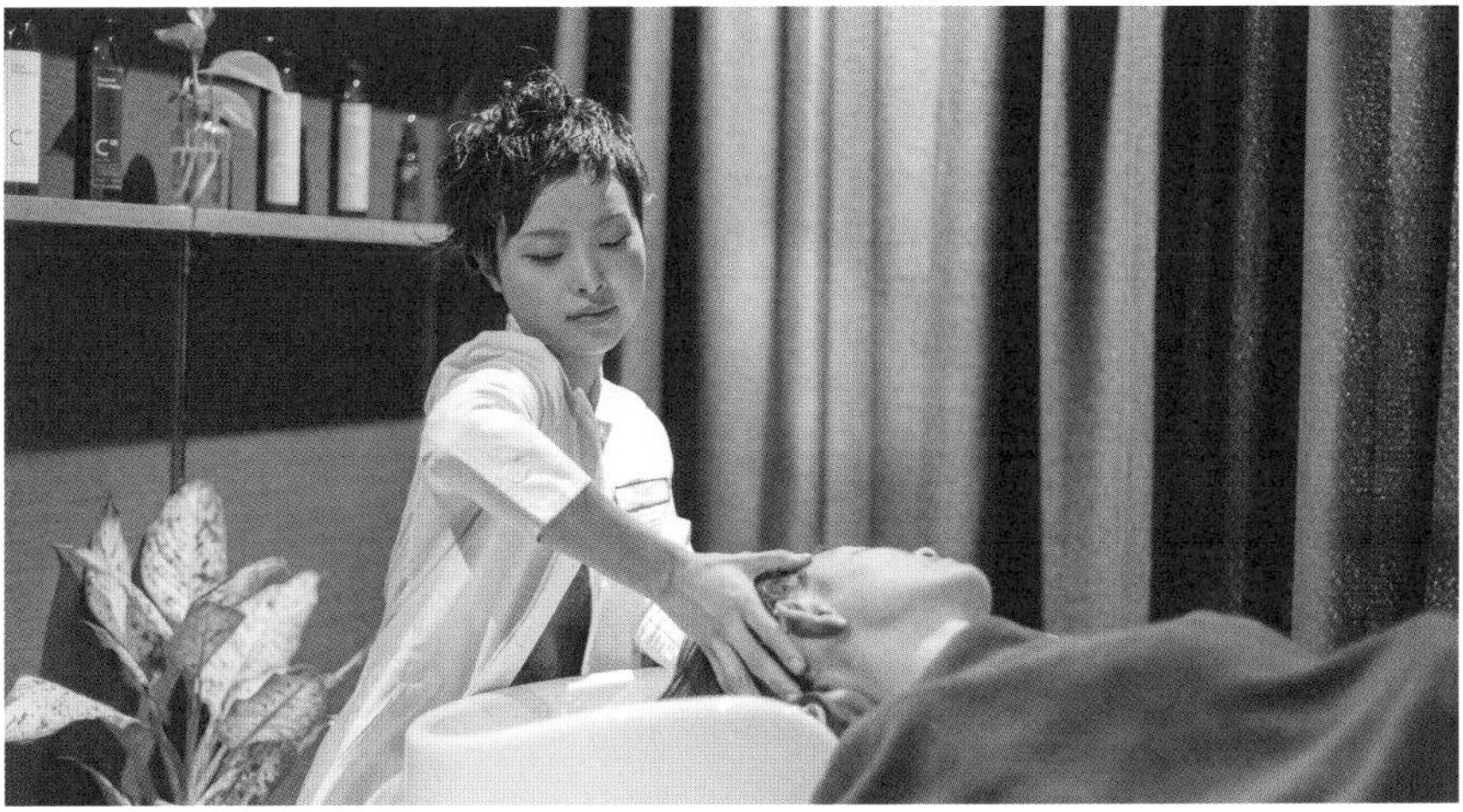

トップスパニストの山田さん。2020年12月には技術売上100万円、
店販売上100万円を達成するほどのスペシャリストに成長

キャリアパスと評価制度を確立する

スタッフの成長を促すキャリアパスと評価制度作りは、スタッフ視点で、

条件1　成長の実感がある
条件2　適切と感じる評価をしてもらえる
条件3　自分の仕事に誇りを持てる

という3つの条件がかなえられることで実現します。それには次のような手立てが必要です。

1　成長の実感がある→成長のプロセスを可視化するキャリアパスと教育環境
2　適切と感じる評価をしてもらえる→成長をきちんと評価する仕組みの確立
3　自分の仕事に誇りを持てる→やりがいやモチベーションを大事にする経営方針の共有

しかしながら、一般のサロンではキャリアパスと給与モデルが、サロンや経営者のメリットの追求に重きが置かれていることが多いのではないでしょうか。

カプロは、3つの条件をかなえて、スタッフの成長のためのキャリアパスと評価制度を確立し

ました。（138ページの「カプロのキャリアパスと給与モデル」参照）

その特徴は次の通りです。

● 入社直後から、ケアティストを担うなど、〝プロ〟として主体性のある仕事を任され、条件1と3が実感できる

● 早い段階から着実な給与アップが実感でき、条件2がかなえられる

● 自分が顧客をつくり、お客さまから必要とされるという喜びを得られる

この仕組みは、スタッフの主体的な姿勢を重視するもので、それぞれの「なりたい像」に合わせて、オーダーメイドでカリキュラムを策定しています。

具体的には次のことを実施します。

● 年2回の面談をし、スタッフのヒアリングを基に行動面での目標設定（※）を行う

（※個々の「なりたい像」が違うので、行動目標も多様）

● 目標実現に向けたオリジナルの教育カリキュラムを組む

● 評価の基準は、自分が決めたことを実行、実現できたかどうか

（各自のペースでの成長を評価する）

● 半年ごとに振り返りをする

キャリアパスと評価制度は、スタッフの頑張りが正しく評価され、やりがいやモチベーションアップにつながるものでなければなりません。店づくりやサロンのオペレーション、顧客マネジメントとも深く関わっているため、適宜、現在の状況にマッチしているかを見直すことも大事です。

カプロのキャリアパスと給与モデル

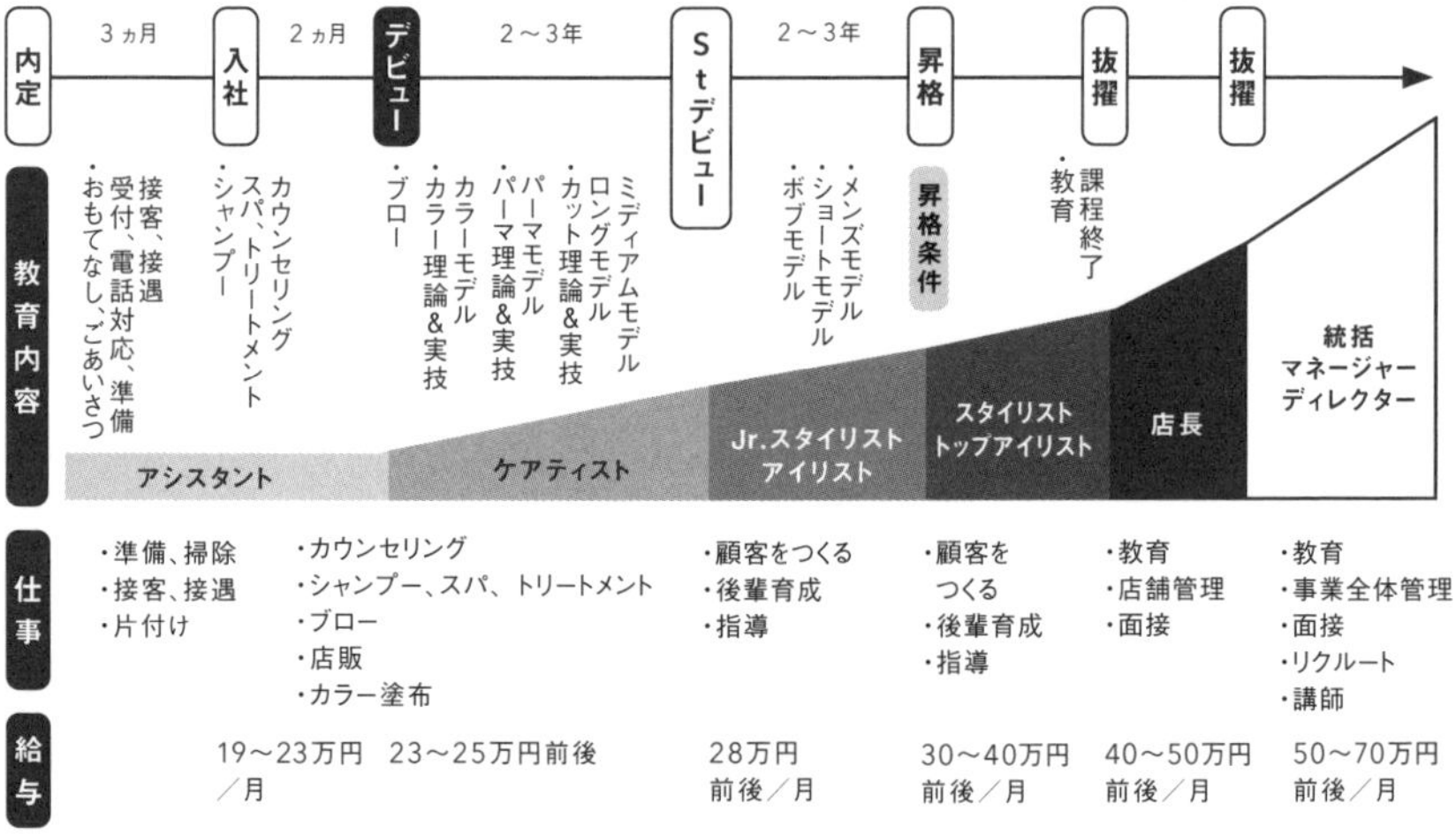
内定
3ヵ月
入社
2ヵ月
デビュー
2〜3年
Stデビュー
2〜3年
昇格
抜擢
抜擢
教育内容
・接客、接遇
・受付、電話対応、準備
・おもてなし、ごあいさつ
・カウンセリング
・スパ、トリートメント
・シャンプー
・ブロー
・ミディアムモデル
・ロングモデル
・カット理論＆実技
・パーマモデル
・パーマ理論＆実技
・カラーモデル
・カラー理論＆実技
・メンズモデル
・ショートモデル
・ボブモデル
昇格条件
・課程終了
・教育
アシスタント
ケアティスト
Jr.スタイリスト
アイリスト
スタイリスト
トップアイリスト
店長
統括
マネージャー
ディレクター
仕事
・準備、掃除
・接客、接遇
・片付け
・カウンセリング
・シャンプー、スパ、トリートメント
・ブロー
・店販
・カラー塗布
・顧客をつくる
・後輩育成
・指導
・顧客をつくる
・後輩育成
・指導
・教育
・店舗管理
・面接
・教育
・事業全体管理
・面接
・リクルート
・講師
給与
19〜23万円／月
23〜25万円前後
28万円前後／月
30〜40万円前後／月
40〜50万円前後／月
50〜70万円前後／月

ケアティストのレッスン計画表実例

ケアティスト10か月〜11か月でマスター　中途技量に合わせる				
項目	習得	展示日	スタート日	スタート日
①おもてなし	5〜10日出勤			
ドリンク				
受付全般				
準備物など				
②シャンプー				
理論・おもてなし	1日			
ウエット	6〜20日（2週間〜1カ月）			
シャンプー炭酸	20〜30日（1カ月〜1カ月半）			
トリートメント				
スパ	20〜30日（1カ月〜1カ月半）			
③パーマ管理	3〜6日（1〜2週間）			
ロングスパ（評価査定）	20日（1カ月）			
④ドライ	3〜6日（1〜2週間）			
ブロー	6〜12日（2〜3週間）			
⑤カラー				
根元付け【グレイ・ファッション】	6〜12日（2〜3週間）			
ゼロテク	3日			
カラー塗布モデル	5〜10人			
マニキュア	3〜6日（1〜2週間）			
ハーブマニキュアモデル	2〜3人ずつ			
カラー調合モデル	10〜20人			
ウイービング	5〜10回			
デザインカラー・モデル	5〜10人			
⑥ストレート				
アイロン	6〜12日（2〜3週間）			
縮毛塗布【ウイッグ】	2〜3回			
縮毛モデル	2〜3人			
酸熱ストレート	3〜6日（1〜2週間）			
酸熱ストレート・モデル	2〜3人			
※その他				
ヒーリングスパ				

ポジションが人を育てる

事業を拡大していく上で特に重要なのは、幹部の育成です。能力とやる気のあるスタッフにはポジションを与え、経営者視点を育てることに注力します。

三重県桑名市で3店舗を展開した後、大阪府豊中市に初めての出店をしたとき、店長に起用したのは、まだ経験の浅い増田でした。当時、増田はプライベートとの両立や女性特有の将来への不安などで悩んでいましたが、私たちは彼女の可能性を信じて、大阪で挑戦してくるようにと、背中を押したのです。

まだ〝カリスマ〟美容師とはいえなかったのですが、しっかり会社もバックアップすると約束したところ、増田は名実共にカリスマになりました。顧客0から未開拓の大阪の店を半年で生産性100万円、次に任せた芦屋ではわずか2カ月で100万円を達成したのです。

実は増田も一度は美容師を辞めて、美容業界から5年間ほど離れていたこともある、〝くすぶっていた美容師〟でした。ですが、新しく責任あるポジションを与えられたことで、旺盛な意欲が呼び覚まされ、本来持っていた資質が開花しました。

増田のみならず、前サロンで60万プレイヤーだった堀が５００万プレイヤーになるなど、今まで全く想像できなかった自分にみんなが変化しています。私たちはこれからもスタッフの可能性を信じ、モチベーションを上げる取り組みを続け、応援していきたいと考えています。

そのために評価制度も、年々ブラッシュアップしています。今年からは「評価シート」も刷新し、役職者とスタッフの双方向で見ることにしました。

評価シートの内容（一部抜粋）

スタッフ向け

- 上司や先輩などの業務指示の内容を理解し、早急に対応しているか？
- 新商品やメニューの開発など積極的に行っているか？
- 自分に足りていない部分を克服するため、自ら練習に励んでいるか？

役職者向け

- 会社の経営方針、経営理念、経営政策を正しく理解、認識しているか？
- 管理者として常にコスト意識を持ち、仕事に取り組み、常日頃から業務効率化とコストダウンに務めたか？
- 自ら必要に感じたことを会社に提言し改善してきたか？

シスター制導入の成果

誰が何をするのか役割を明確に

カプロでは、カットデビュー前のスタッフをケアティスト（ケアの責任者）と位置付けています。ケアティストの中でメインの先輩・後輩関係をつくる〝シスター制度〟（メンター制度）を採用し、先輩は後輩が自分の役割を果たすために必要なスキルを身に付けるようサポートします。

入社して2年目のケアティストが1年生のシスターになります。2年生が1年生に必要なレッスンの計画を立て、それを遂行するためのガイド役（お世話係）になります。

このような制度を採り入れた大きな理由は、1年生の「誰に何を聞けばいいか分からない」という声に対応するためです。新しい環境にいる1年生に不安な思いをさせたくないための取り組みですが、ここで一番成長しているのは実はシスターの方なのです。今まで先輩から教えてもらったことを言語化し、1年生に伝えることで、自らの理解がより深まり、1年生の模範となれるからです。毎週末、全体ＬＩＮＥでシスターから1年生の進捗状況について報告があり、そこでシスターと1年生の両方の成長を確認することができます。

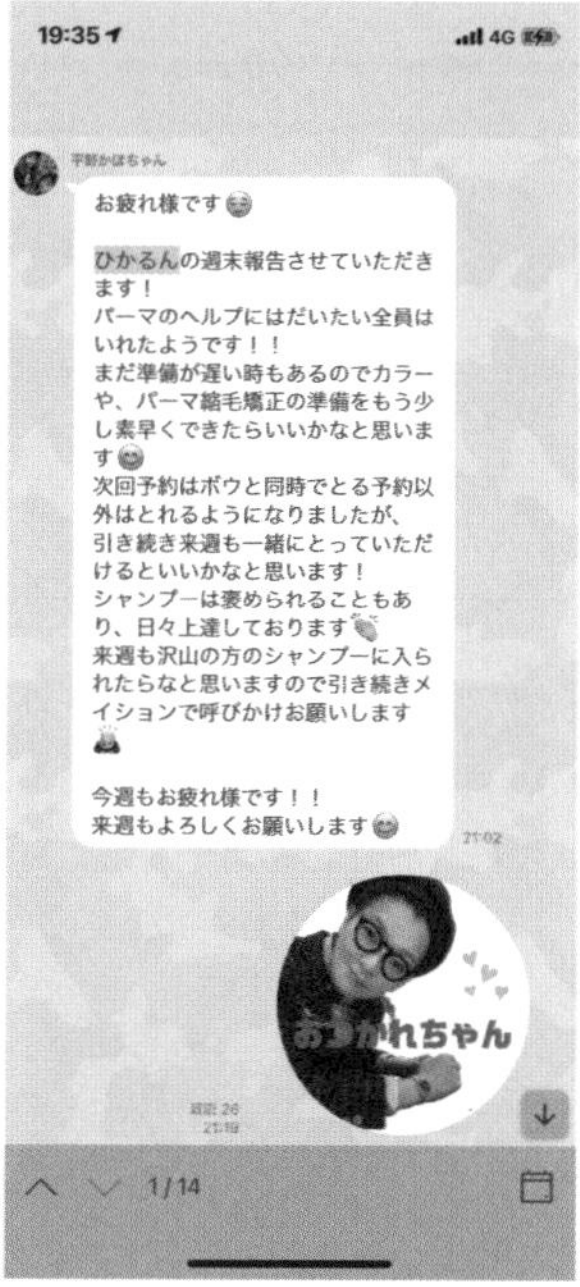

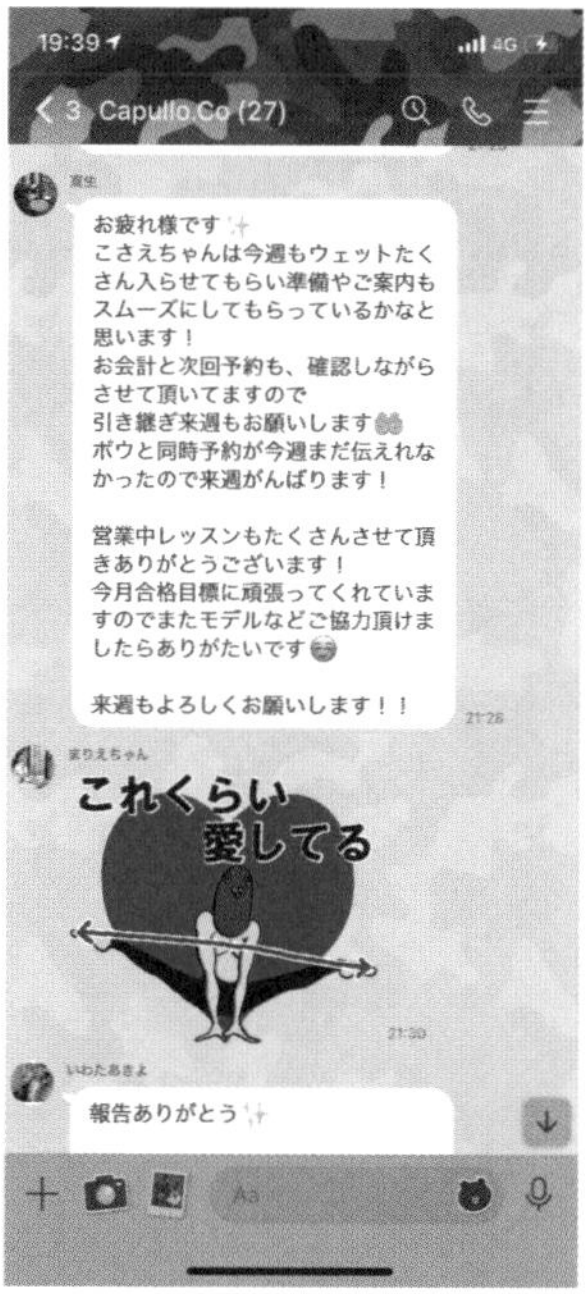

スタッフにセカンドキャリア・サードキャリアをイメージさせる

2019年に別会社「カリタプラン」を設立し、カプロモデルをベースに、理美容室に向けたコンサルティング事業や商品開発、スクール事業、店舗設計、独立支援を展開しています。スタッフも外部の美容室や理美容サイトの研修に、スクール講師やセミナー講師として参加し、スタイリストがカット教育をしたり、アイリストやスパニストもそれぞれの分野で指導に当たり、毎回ご好評いただいています。またカプロや他のサロンでも取り扱うヘアケア用品や店販商品の開発・製造も、カリタプランで行っています。

スタッフのセカンド・サードキャリアをイメージしてもらうことができ、サロンワーク以外の業務にも携われることで、モチベーションアップ、将来への不安解消にもつながっています。「ここにいたら長いスパンでキャリア形成ができる」、そんな環境を準備したいのです。これからの展望としては、創業当初からの夢の一つである「美容学校を設立する」ことにも取り組んでいきたいです。美容師が将来活躍できる場を提供したい、という思いからです。単に美容師という枠にとどまらず、何でも挑戦できる環境をつくっていくつもりです。

おのおのの中長期のキャリアプランについて、経営サイドでよりかたちになるよう支援していく体制が整いました。

カリタプランの事業内容

- 独立開業支援
- 店舗設計・店舗デザイン
- 商品企画開発及び製造・卸売
- コンサルティング事業
- スクール事業
- セミナー企画・運営
- 広告代理業
- 美容室・飲食店プロデュース

「人を雇う」「人を育てる」上での心構え

いろいろなタイプのスタッフがいます。一緒に仕事をし、成長していくために大事なのは、それぞれのスタッフが「唯一無二」の存在であると理解することだと思っています。人それぞれ育ってきた環境、目指すべき像、モチベーションアップのポイント、成長のスピードなどは違いますから、全てを認めることが大切だと考えています。

美容師は常にふるいにかけられ、ひいきがついて回る職業です。でも、私たちは、スタッフ全員をひいきします！　誰一人として欠けてはいけない。みんなで生産性をつくっているからです。ですから、「人と比べない！　自分との闘い！」と常にスタッフにも伝えていますし、自分たちにも言い聞かせています。

人と比べた時点で、妬みや嫉妬に変わる。でも、誰一人と同じ人間はいないのだから、比べてはいけない。

「昨日の自分と比較してどうか？」「昨年より成長できているか？」。その視点で、スタッフと振り返りをするようにしているのです。

カプロは、中途採用が9割です。前の職場を辞めてきた理由のほとんどが、〝人間関係〟と聞いています。そうであるなら、「カプロに来てまた同じことをするのか？」「風通しのいい関係にした方が、気持ちがいいに決まっている」というような話を入社前にしているので、ドロドロとした関係にはなりません。

常に理不尽なことはないかということを自問自答し、愚痴や不満が出ないような環境づくりを心掛けています。「本当の優しさとは何か？」も追求しています。面倒だから言わない、関係ないから放っておくというような考えから、後輩が目の前でミスをすると分かっているのに見て見ぬふりをする。これは、いわば目の前で後輩を見殺しにするようなことです。もちろん何でもかんでも教えるのではなく、例えば練習時には学びになる失敗をあえてさせたり、ミスをしない方法を考えさせることも大切です。決して見て見ぬふりはせず、時には言いにくいこともしっかりと伝えることで、本当の信頼関係が生まれるのです。

店舗がまだ少ない頃は、スタープレイヤーが1、2人いれば、サロンは成り立ちました。けれども、店舗が増えてくるとそれだけでは無理で、スタープレイヤーが指導者として自分の分身をつくっていかなければなりませんでした。

そうした過程を経て、教える方も教えられる方も成長してきたのだと思います。人は一人では成長できない、みんなに生かされているということに気付いたんです。

人間関係の在り方も常にブラッシュアップしてきたことで、今があると心から思っています。

COLUMN 2

社員へのメッセージはありのままの言葉で

森腰菜々絵

社内のコミュニケーションで心掛けているのは、直接社長である私から伝えなければいけない時は、自分の言葉で直接伝えているということです。それも口頭で伝えるのではなく、必ず書面やメール、LINEで残すことにしています。それはそのメッセージを読み返してもらえたり、親御さんなどにも見てもらえるかなと思ってやっていることです。

その一環として、私が創業当初からずっと続けているのは、毎月の給与明細に一人ひとりへのメッセージを書くこと。最初は何となく書いていたのですが、みんなひそかにそれを楽しみにしてくれていたようで、いつからか習慣化しました。例えば、こんな内容です。

「C4昇格おめでとう！　先輩全員のお墨付きです!!　誰にも遠慮することはない!!　あなたは間違えていない。自信を持って、みんなを引っ張って行ってください。いつもありがとう」

また2022年の新卒初任給を23万円に決めた時、急いでみんなに知らせる必要があったので、LINEで一斉配信しました。今年入社のスタッフなどから批判があるかなと思ったのですが、「よくぞやってくれた!」という感じで、みんな感動してくれて。そのスタッフの反応を見て、経営者の思いを受け止めてちゃんと育ってくれているんだなと泣けましたね。私が正社員に送ったメッセージは次の通りです。目的など分かっていただけたらと思います。

おつかれさまw

来年度の新卒採用の募集が始まりました。そこでみなさんに報告があります。

来年の新卒給与初任給をなんと230000円とすることにしました。

〈条件〉

＊4月入社までにシャンプー&ショートスパ合格し、入社タイミングで稼働する。（もし難しい場合は19万円〜要相談）

⇒面接時はそのあたりが可能かどうかもしっかり見極めて採用活動する。

〈目的〉

＊「一般企業水準以上を目指す」を掲げている弊社。ようやくその給与水準まで達したため。（ご参考：大卒初任給平均22万円）

＊人財確保のため。仲間を増やして、みんなの自己実現へ早めに到達させたい！

※今後生産性が落ちるようなことがあれば、随時見直していく。

いつも伝えている通り、うちは全国でもTOPクラスの生産性を誇ります。みんなも理解している通り、うちはアシスタントが単なるお手伝いではありません。ケアティスト＝ケアの責任者です。なので、今回会社としてこのような新たな評価基準にしました。これはみんなが積み上げてくれた結果です。本当にありがとう。もちろん、それに伴いみんなの給与もアップするのでご心配なくwww　以下、新たな給与テーブルです。来年4月からはマストで運用するけど、もう少し早めのタイミングで切り替える予定です。また告知しますね。

巻末付録

カプロの

接遇マニュアルを

特別公開

記憶に残るおもてなし

─お出迎え─

■穏やかな笑顔で（接客してます!!みたいな表情ではなく）

「その他大勢」に向けての接客ではなく「個」に対しての笑顔、言葉掛け

そのお客さまの空気感を一瞬でくみ取り

×少々お待ちください

○すぐご案内致します

という少しの言い方の違い。ネガティブに聞こえる返答はしない

■お客さまが気を使わないようにさせる所作・言葉掛け

×お荷物をお預かりします

○おカバン、お手荷物、貴重品はこちらへどうぞ（バケットやロッカーへ）

（スタッフが直接お預かりする際はバッグの底を持ち、大切に扱う（絶対にハンドルを持たない））

■受付ですぐ対応できるよう、次に来られるお客さまの名前を覚えておく

・スタイリストは以前担当している場合があるので、名前をあえて聞かない方がいい

■「○○様ですね、お待ちしておりました！」

・名前を確認してからではなくてスムーズに言えると良い

■名前が分からない場合は

「すぐにご案内致します！」

×確認します　←失礼。確認するべきことではない

■お客さまの前を通る時の表情と言葉掛けは大切

・後ろを通るときはスマートな会釈。鏡越しは深めの会釈。必ず微笑む

―ご挨拶・ご案内―

■そのお客さまに合ったご挨拶の仕方

・おとなしい方に対して大きな元気な声で挨拶するのではなく、

・空気を読んで、相手が心地よく思うご挨拶、その方に合わせた空気感もおもてなし

・瞬き一つですら気を付けるくらい

■上着を先にお預かりしてハンガーに掛けてから必ず

・「お手洗い大丈夫ですか？」と聞く

〔お客さまが言いにくいことをあえてこちらからお聞きする〕

■もしお手洗いに行く場合はお手洗いの近くにはいないように

・出てくるのを待ち構えない〔気を使わせるから。音 etc〕

■「こちらへどうぞ！」の声掛け

・手の動作〔左手を添えて「奥へ」など〕

・2階に行くときは動線を確認しながら振り返り、階段の前で足元を指しもう一度振り返る

・座ってもらったと同時に、ゆっくりイスを回す〔酔うから〕

・女性には目を合わせてひざ掛けを。ミニスカートの方は座るタイミングでサッと掛ける。相手に気を使わせない

・男性には掛けない。もし掛ける場合は少し短めで目も合わせずサラッと

■**セット面着席後の言葉掛け**

・指名の方の場合は「すぐに佐藤が参ります」

・フリーの場合は「すぐに担当の者が参ります」

■**スタイルブック（タブレット）の選び方**

・年齢より若く見られるようにされている方にはそれ相応のスタイルブックを出す

［あ、私はこの子にこの年齢に見えたんだとガッカリさせないように］

■**施術前に栄養分補給をする**

・「付加価値」施術前後で栄養を入れて髪、頭皮に負担をかけないようにしていることをちゃんと伝える

■**椅子のストッパーを外す音、上げ下げ動作**

・優しく外す、外し方を意識
・ゆっくり上げる、下げる
・眠っている方の椅子は動かさない
・気を使わせないように、ささやくように起こす

―シャンプー台―

■左手（ｏｒ右手）奥までお願い致しますとご案内

・動作と言葉で誘導、メガネを外している方が不安にならないように

■靴を脱がない方にはひざ掛けが靴にかからないように

・「靴は脱いだ方がいいの？」と聞かれたら、「リラックスされたい場合は脱がれる方が多いですが、どちらでも大丈夫ですよ」と選んでもらう。さまざまな都合で脱ぎたくない方もいるから（臭い、ブーツ、ネイルが取れているｅｔｃ．）

■襟は折る

・フェイスガーゼは節約
・ラップは直接肌に触れさせない

■シャンプー台を倒すときに工程を伝える

・シャンプー工程（いつ何をするかを説明）

・リラックスしていただくため、倒した後は一切の言葉掛けは基本なし

■**シャンプー前とシャンプー後にはお手洗いのことを聞く**

〔代謝が上がってトイレ行きたくなったかもしれないから〕

■**シャンプー台を起こすとき**

×お疲れさまでした

○そっと、○○さん起こしますね

〔「お疲れさまでした」とは言わない。そもそも疲れるようなことはしていない〕

■**お客さまから見える首元のタオルはきれいに！**

・髪の毛が入らないようにするため

■**クロスの端と皮膚が直接触れないように**

■**メガネをお預かりしている方への気遣い**

・本当になしのまま移動して大丈夫なのか、とか

■**お客さまの机を近づけた際**

・髪の毛がないかのチェック→衛生面上、素手ではなくタオルで払う

・「きれいにしてますよ」のアピール〔お客さまとの信頼につながるから〕

―ヘアカラー施術―

■カラークロス

・ニットの洋服を着ているお客さまなどにクロスを着ける際

・マジックテープに気を付ける

・肩ラップが短過ぎるのはNG

・顔の延長線上に落ちるくらい

■ラップの仕方

・ラップから髪の毛が出ないように

・ラップした状態も可愛く

■肩ラップをした後にドリンクメニューを選んでもらうのがベスト

・選んでいる最中に誰もいなくなってしまうと、選び終わった後に誰に言っていいか分からなくなって不安になるから

■コーミングは頭を揺らさない

■滴が垂れそうなら軽くドライする

■後頭部の出っ張っているところから塗り始める

・ハケのタッチは優しく、グローブで持つ髪を引っ張らないように

■薬剤を塗っている最中はあまり鏡を見ない
・お客さまが恥ずかしいから
■薬剤は優しいタッチで塗る
・産毛一本一本までもしっかり染めてあげる
・鬢《びん》はもう一度チェック

―ドリンクメニュー（2021年5月現在休止中）―

■ご新規：たくさん種類があるのでゆっくりお選びください
・常連さま：渡したらいいだけ
・2、3回目：ドリンクお選びください
■眠っている人以外には
・常連さまにはいつもお好みのものを用意（カルテに毎回記載する）

―アウトバスの付け方―

■裏面ではなく、毛先と表面にたくさんつける
■頭皮に負担がかかるからトリートメントを塗る感覚で優しく塗布
■塗っている状態の時に新規さまにはアプリや次回予約のご案内をする
■ドライ中の言葉掛け

×「熱くないですか？」「痛くないですか？」
○「熱かったり、何かありましたらおっしゃってください」
（そもそも熱かったり痛いことがダメ。言いやすい空気感をつくる）
・万が一髪を引っ張ってしまったりしたと思ったら、すぐに「失礼しました」

ーパーマー

■巻いていないところをクリームで保護
・ターバンのゴム、ひもは素早く
・ゴムの結び目は裏にする
・ゴムが地肌につかないように
・しっかりターバンをするが、お顔に触れないように

■中間水洗のときにドリンクがなくなっていたら用意
・5分経ってなくなっていたら、お茶を用意しておくと良い

■アウト後のターバンはしっかり
・パーマ後にお手洗いに行かれるときはショートクロスを取る
・タオルが取れるといけないから
・そこはダッカールで留める

施術・接客時のＮＧリスト資料（べからず集）

ー最初のご挨拶ー

×いらっしゃいませ
〇おはようございます、こんにちは、こんばんは

×少々お待ちください
〇すぐ参ります、すぐおうかがいします

ー施術中の待ち時間：ご案内ー

×『お時間置きますね』『放置タイム〇分です』
〇『今から〇〇分ほどいただきますね』

※人はものではないので「置く」や「放置」はＮＧ。
お客さまの貴重なお時間をいただくという観点から、必ず時間を伝える。

ー明朗会計ー

×メニューの金額を声に出す↓他のお客さまに分からないよう金額を声に出さない

※高い、安いではなくその方の〝きれい〟に対する金額の価値観は人ぞれぞれ。
※一つひとつのメニュー確認、金額のご提示は、最初のカウンセリング時と最後の会計時に必ずする。
※最初に金額提示しないサロンもあるが、それだと今日いくらかかるのか心配でくつろげないので、必ず金額提示は最初にも行う。

ーシャンプー台でのお声掛けー

×シャンプー中のお声掛け
○シャンプー前（イスを倒す前）に
「シャンプー中はリラックスしていただくため、途中のお声掛けを控えさせていただきます。途中何かございましたら、ご遠慮なくお声掛けくださ い」

とあらかじめ告知する

―お客さま情報：個人情報―

×ご来店されているお客さま同士の情報をスタイリストが言う
※聞かれても「ご存知ですか？」で話をうまく終わらせる。
×「○○さん今日来られますよ」、「○○さんこんなメニューしてますよ」など
※家族同士であっても情報は守る。
×家族構成（「結婚しているんですか？」
※破局したかも、離婚しているかも、うまくいってないかも
×「お子さんいるんですか？」
※できないのかも、不妊治療中かも、さまざまな事情があるかも
※施術に関わる必要事項以外のお客さま情報は、スタッフ間でも守るようにする

—施術中の会話—

×（無言の時間を埋めるように）「天気いいですねー」

×「今日お休みですか？」、「この後どこか行くんですか？」

※言いたくない場所かもしれない。仕上げに影響する場合は「この後お出掛けであれば巻きましょうか？スタイリング剤付けましょうか？」など、具体的にこちらから申し出る。できる限り「Yes・No」で答えてもらう。言いたい方はお客さまから教えてくださる。

—商品のご案内—

×一人のお客さまに対し、スタッフが変わるたびに同じ商品の内容を話す

※スタッフ同士の声掛け重視↓商品をご案内した場合、引継ぎの際にしっかり伝える。

—話すときの体勢—

×お客さまにご提案やご案内する際にひざまずいてお話しする

※不衛生。人は下から見られると恥ずかしい、やり過ぎ（過剰）接客を排し、お客さまが緊張しない言動行動所作を徹底。

—お客さまの呼称—

×再来店以降のお客さまや親しくなった方を〝下のお名前で呼ぶ〟

※これもお客さまとの距離感を非日常ではなく日常の感覚にするため（カプロらしさの雰囲気を大切にしている）。アットホームになり過ぎず、長くお付き合いをさせていただくための距離の保ち方。

―お手洗いの声掛け―

×「お手洗い、大丈夫ですか?」と何度も聞かない

※お手洗いには行きたくてもなかなか言えないもの。下記のタイミングで必ず「お手洗い、大丈夫ですか?」と声掛けをする。

・声掛けのタイミング：お出迎えの際、シャンプー台にご案内する前、シャンプー後、施術が終わってお会計をする前後（帰り際）

―商品やメニューの情報提供―

×新商品や新メニューなどの情報をお客さまによって遠慮して伝えない

○対象となる方には必ずご案内する

※「隣の方に話していた内容、私には教えてくれなかった」「その情報、知らない」など、不満の要因に。「する」「しない」、「買う」「買わない」はお客さまが決めること。

※「お断り」もしやすいよう、お客さまが選びやすい提案をする。

―常連客に対してのカウンセリング―

×「いつものように」「いつもと一緒でいいですね?」

※〝いつも〟一緒でいいの? と逆に疑問。髪も頭皮も季節に対応しようと変化する。メニューはいつも一緒でも〝いつもと違う何か〟をプラスしないと離店する。

シャンプー教えることリスト

ー施術前ー

●挨拶と施術内容の説明
●お客さまとの立ち位置と距離感、姿勢や表情
●施術内容の理解（炭酸泉などの効果効能、トリートメント、スパの工程説明）
●ご案内時の段差や行先の指し示し方、椅子を回す方向と動線確保
●カット後であれば、ドライヤーで髪を払う↓クロスを外す↓床掃き↓ご案内

ーシャンプー台にてー

●圧迫感のないひざ掛けの掛け方とバリエーション
（靴を履いている方、脱いでいる方、暑い・寒いなど）
●首に巻くラップとフェイスシート（襟が高い服・首元が開いている服などのバリエーション）
●安全かつ心地良いタオルとショートクロスの着け方
●シャンプー台を倒す前の声掛け
●倒す際の頭の支え方
●倒してからすぐにフェイスシートとひざ掛けを整える
●フェイスシートでしっかり覆いつつも、息がしやすいように鼻の下で折り曲げる
●手袋を装着する際はお客さまに気付かれないよう、
お湯を出して音が聞こえないようにする
●クッションタオルの温度と水分量を適切に（熱い・ぬるい・かさかさ・べたべた）
●クッションタオルの色の違い・混ざらないように

●流し始める前に、髪と頭皮のコンディションを触診する
●マッサージでなく、頭の筋肉にぐっと押して圧を掛ける
●髪もドライの状態で手触りなど確かめる

―お流し―

●お湯の出し始め・止めるときは静かに
●お湯はね、水しぶきに気を付ける
●耳に水を入れない
●耳や顔周りにお湯が飛んだら、すぐに優しくタオルで抑える
●常に耳が濡れていないか？　など気に掛ける
●お湯の温度は適切に
●冷たい手で触れない・手を暖める
●お流しの手のかき方（地肌をしっかり、大きくゆったり）
●襟足や耳回りなど、すすぎ残さない
●ネープを流すときの頭の支え方を安定させる

―シャンプー―

●シャンプー剤をしっかり手に伸ばしてから塗布（冬期はシャンプー剤にお湯を混ぜ、冷たくないようにする）
●最初のお流しが甘かったり、髪の水分が多過ぎても少な過ぎても泡立ちにくい

●下から上に空気を入れてホイップするように泡立てる
●フェイスラインの洗い始めは特に繊細に
●皮膚の薄いヘムラインは優しく、頭頂部やネープは強く、などのメリハリとリズム
●手を大きく動かして地肌をかく
●指がつらないように・つったら動きを止めずに指抜きする
●手を入れ替える時も動きが止まらないように
●洗い残しがないようにオーバーラップさせて隅々まで洗う
●耳周りに爪が当たらないように
●「押す」のでなく「引く」ように洗う。全て頭頂部に向かって引き上げるように
●頭を揺らさない
●洗い終わりは徐々にゆっくり大きく動かしていき、力を抜いて包み込むように終わる

―シャンプーマッサージ―

●ツボの位置・押す強さと力の方向
●左右の力加減と指の当たり方を同じように
●指圧はゆっくり、指を移動するときは早く

―炭酸泉―

●炭酸を出し始める時に音で変化を与え、「今から炭酸泉を掛けていきます」という無言の演出をする

●マッサージ感を出す（強さ、リズム、力の方向）
●正中線がずれると気持ち悪いので、やや引き気味に俯瞰し、態勢などを工夫する
●際からしっかりと。掛けもれやマッサージしていない箇所がないように
●マッサージをしている手に直接お湯が当たるとはねるので、指のやや上か横から掛けてはねないように

ートリートメントー

●リラックスしている状態のお客さまを起こさないような優しいタオルドライ
●クッションタオルの入れ方
●コーミングは毛先から
●絡まっていたらほぐしてからとかす・力ずくでコーミングしない
●コームやトリートメントの容器をぶつけるなど、不快な音を立てない
●スプレー式のトリートメントは噴射音にも気を付ける
●根元、中間、毛先のコンディションは違うので、どの部分にどんな成分を補えば良くなるのか考えて行う
●表面や顔周り、襟足などもコンディションは違うので、指先の感覚を繊細に
●多くのトリートメントは地肌に付けないが、毛先にだけ付けるよりは根元近くも薄く付けたりして「やった感」を出す
●ホットタオルのターバンは耳を出す

●ターバンのお湯の掛け方と温度
●ターバンを外してフェイスラインを拭き取る
※常にタオルや商材、ひざ掛けなど片付けながら行う
※タオルや商材など、コストの意識を！

─タオルドライ&ターバン─

●フェイスライン→耳周り→地肌（寝かせた状態で拭ける部分）
→毛先（こすらず、ぽんぽんと抑えるように）→頭を持ち上げネープ
→ネープを拭き終わったら頭をクッションタオルに触れないようにしてターバン巻く
●シャンプーを終えてリラックスしている状態なので、頭を揺らさず
優しくしっかり拭き取る
●特に耳周りは一滴も濡れていないように目視も行う
●カラー剤やクリーム、シャンプーの泡が残らないよう拭き取る
●ロングの毛先やショートの撥水毛なども水が垂れないように
●ターバンは緩過ぎず、きつ過ぎず
●べたべたに濡れたタオルが首筋などの肌に触れると不快なので、
乾いた面が肌に当たるようにターバンを巻く
●メンズやショートで水が垂れないようであれば、ターバンの跡が付くのを防ぐため
巻かずに軽く手ぐしで髪を整えてからご案内

─セット面にご案内&マッサージ─

●お手洗いの聞き方（シャンプー前にお手洗いに行った場合も）
●カラー、パーマ後の場合は薬剤が顔周り、襟足、耳の中に残っていないかチェック。
コットンで拭き取る
●首のタオルを後ろから掛ける
●マッサージ前に触られて苦手な所はないか確認
●全てのメンズとスパをしたお客さまは首肩マッサージの後、
頭皮ローションをなじませてマッサージ。
その際、マッサージにつながりを持たせるために、
メンズや肩につかない程度のレングスの方は
首肩→頭のマッサージをそのまま行う。
ロングで肩掛けタオルのみだと頭のマッサージをするときに服が濡れそうな場合は、
首肩→カットクロスを掛ける→ターバン外して頭をマッサージ。

ーメンズー

●シャンプー選びは聞き過ぎず、清涼感のあり・なしくらいでさらっと聞く
●最後の仕上げの前のシャンプーでは、顔を拭くおしぼり＆お茶＆飴＆チョコを
メンズ用のプレートでセット面に用意
●その時に髪の毛がテーブルや足元に残ってないか確認

ーシャンプー後におしぼりタオルを用意するー

※ホットタオル、もしくはクッションタオルを四つ折りにして首元に入れる。

その際上から乾いているタオルを掛けて、熱湯をシャンプーボールに流す
※シャンプーを少しシャンプーボールに垂らす。この際の注意点として、
ドライタオルが落ちないようしっかりかませること。ここが重要ポイント!!
その後は耳に水が垂れないよう、タオルの上からお湯をかけて外す

ーウェット1（前処理）ー

●ケミカルの施術前に髪のコンディションを均一に近い状態にするためなど、目的の理解
●襟に高さがある洋服であればラップ↓タオル↓ショートクロス↓ウェット1
↓起こしてからフェイスシート追加
●濡れなさそうであればタオル↓ショートクロス↓ウェット1
↓起こしてからラップ&フェイスシート
●どちらにせよ、ウェットでは襟にフェイスシートを付けず、
この時にお顔に被せたフェイスシートを襟に付ける（フェイスシートを無駄にしない）
●カラーの場合は基本的にカラー前にシャンプーはせず、全体を染める場合に
ウェット1を行う。リタッチなど、施術によってはウェット1をしない。
●パーマの場合は優しくしっかり1シャン↓前処理

ーリアシャンプー台ー

●クッションとひざ掛けをする
●リアの場合は人が横切るので、フェイスシートは折り曲げないで覆う
●しっかりシャンプーやスパなどをこちらで行う場合は、首に負担が掛からないように

―タイム―

※シャンプータイムはミディアム程度の長さで設定。
ショートはマイナス1分、ロングはプラス2分、スーパーロングはプラス5分程度

●ウェット1
シャンプー台にてクロスを着ける〜タオルターバンして起こすまでで5分

●カット+炭酸：トータル11分
（お流し↓1分、1シャン↓4分、お流し↓1分、炭酸↓3分、ケアトリートメント&ホットタオル↓1分、お流し↓1分）

●カラー後2シャン+炭酸+ショートスパ+トリートメント：
トータル18分+トリートメントタイム
（お流し↓1分30秒、1シャン↓1分、お流し↓1分、2シャン↓4分、お流し↓1分、炭酸↓3分、ショートスパ↓6分、トリートメント&ホットタオル↓※、お流し↓1分）

●お席でのマッサージ：首・肩↓60秒、頭↓30秒
※トリートメント&ホットタオルのタイムは、内容別に左記に記載

●潤いトリートメント↓1分
●保水トリートメント↓2分
●クイックコース↓4分
●ミドルコース↓6分
●フルコース↓7分

おわりに

佐藤真由子

「人は人で変わる」

「佐藤さんは何でもできる、エリート、器用、才能がある」と言っていただくことがあります。でも実は私は何にもできない人間だったんです。人見知りが激しく、人と輪をつくることが苦手で、友人関係もうまく築けませんでした。でも使命感のように突然「美容師になりたい」、そう思ったんです。けれども、美容室へ就職しても、挨拶はできない、気も利かない、お客さまにもお尻を向けてしまうといった始末で、たった3カ月で逃げ出すことになりました。

その後、新たに入った美容室で、恩師しず先生と出会い、私は変わることができました。先生には、人とコミュケーションを取ることの大切さや、自分が頑張ると周りが喜んでくれること、努力して認めてもらえることを教えていただきました。こんな私でも必要とされていると思えたのがうれしかった。カプロの教育のルーツはこの経験からです。それからかっこいいスタイリストになりたい！　と、名古屋のトップサロンへ。田舎の小娘にはあまりにもキラキラした場所で、「ダサい」「イモ」なんてたくさん言われましたが、私には夢と希望があり、そして「笑顔」が最大の武器だったので、「その武器だけで乗り切る！　ダサくても、おしゃれでツンケンしている先輩より私の方が必要とされるはず！」と人一倍を努力しました。

そしてスタイリストになれましたが、また大きな壁が。それは「教育」です。本編でも触れましたが、私は人を育てることができませんでした。私にたくさんの技術と財産を与え、愛情をかけて育ててくれた先輩方に恩返しできないまま、自分が変わる努力をしないことを環境のせいにし、憧れて入ったサロンを退社することになったのです。その後は全国チェーンサロンから低価格サロン、そして米国・ニューヨークのサロンと、いろいろな経験をして独立しました。

「じっくりとお客さまに向き合える、1席当たりのスペースを広く設けた小型サロンをやりたい」と思いを募らせたのですが、周囲からは採算ベースに乗らないと反対ばかり。唯一賛同してくれたのが森腰でした。美容師の仕事に敬意を払ってくれていて、美容室に思いを持っている彼女となら「何でもできる！」と直感し、一緒にカプロを立ち上げたのです。

ところが、思いの詰まったサロンの始まりだったはずなのに、教育ができなかったんです。またこの壁です。スタッフの人数が増えるたび、技術レベルの低下が怖くて余裕がない私は、必要以上に厳しい教育をしてしまいました。自分は人に支えられてここまで来られたのに、なぜ人を育てることができないのか？　できない子の気持ちを一番分かっているはずなのに。

うまくいかないことをスタッフのせいにする、お客さまが来ないことを環境のせいにする、人が育たないことを本人のせいにする、それって実は全て自分のせい。分かっているのに……。

「自分を信用してないから、人も信用できへんねん。しず先生みたいになりたいんやろ？」

そう森腰に言われて、「何をやってんだ、自分は！」と我に返りました。そして、いろいろなことをみんなに教えてもらい、私はやっと変われたのです。あるスタッフに言われた言葉は、「佐藤さんをもっと理解したいです。私はちゃんと理解できていますか？」ということ。こんなにもスタッフは私のことを思ってくれていたのに、なぜ信じてあげられなかったのか……ごめんよ、そんな気持ちでいっぱいになりました。私は優しいスタッフに甘えていたんです。

「教育の美しさ」を教えてくれたのは、今いる幹部、講師たちです。スタッフのことを信じ、チャンスを与える！「ありがとう」をたくさん伝える！そしてどんな小さな努力でも認めてあげる！その心を忘れずに、コツコツと皆現場で頑張ってくれていました。

カプロのメンバーがキラキラしているのは、人一倍努力をしているから。相手への優しさと思いやりがあるからこそ、良い人間関係を生み出しているんです。

人間関係が悪いサロン、お客さまが来ないサロン、スタッフが疲れていて輝いていないサロン。それはスタッフのせいではなく、それを放置した経営者の責任です。

数多くのサロンの中からカプロを選んでくれたスタッフに、後悔させるような環境を与えてはいけないし、自らサロンを選んだ働く側も、頑張っている人の邪魔をしてはいけない。最初はみんな夢を持って来てくれているんだから！

こんな私が、全国でも注目してもらえるようなサロンをつくることができたのは、森腰をはじめ、自慢のスタッフたちのお陰です。スタッフ自身もなりたい自分になる努力をし、そして変わったことで、今まで見たこともない世界を経験しています。努力し続けるからこそ優秀だし、人に優しくできるのは、みんなもそれぞれ苦労をしているから。人の気持ちが分かるからです。

変わるためには努力が必要。人のせいや環境のせいにしていては絶対にいつまでも変われません。本編を読んでもらって気づいた方も多いはずです。カプロは特別にすごいことをしているわけではありません。ただ、当たり前のことを当たり前に言い訳せずやり続けてきた結果なのです。だから誰でも、どんなサロンでも想いと覚悟さえあれば必ずできるんです！

カプロは何となく勢いだけでやっているサロンではありません。ちゃんと根拠のある仕組みと最高のチームワークで成り立っているプロ集団です。私はカプロのメンバーが誇りであり、宝物です。思いやりと愛情を持って技術を受け継ぎ、最高の美容業界をもっとキラキラした世界にしていきたい。美容師ということに誇りを持ち、頑張っている自分を褒めてあげてください。全国の美容師が変わることで、日本の美容業界は確実に変わる。皆さまと共に頑張っていきたいです。

最後に、カプロの可能性を信じ、いつも応援してくれて、このように全国区まで有名にしてくれたフレンドシップリングの板場さん、タカラベルモントの西江さんをはじめ、たくさんのメーカーさん、ディーラーさん本当にありがとうございます。

そして、このような素晴らしい機会をいただき、拙い私たちの話を分かりやすくまとめ上げてくださった、女性モード社の皆さま、ライターの森さん。これまで私を育ててくれた恩師や先輩たち。いつもカプロを必要としてくださる大好きなお客さまたち。そして、いかなる時も森腰と私を信じてついてきてくれる愛してやまないスタッフのみんなに、この場を借りて厚く御礼申し上げます。

PROFILE

森腰菜々絵 もりこし・ななえ

宮崎県出身。関西大学経済学部卒業。株式会社リクルート、トヨタ自動車の総合広告代理店を経て、2012年Capullo.Co設立。その後、2013年には株式会社sette felicita、2019年に株式会社カリタプランを設立。美容室およびトータルビューティーサロン7店舗、飲食店2店舗を運営。地域にとらわれない「高生産性型サロン」として業界でも注目を浴び、雑誌掲載多数、セミナー講師としても活躍。

佐藤真由子 さとう・まゆこ

三重県出身。旭美容専門学校卒業。同県内1店舗勤務を経て名古屋・栄の'AXISに入社。7年間務めた後にNYの美容室でサロンワークを経験。帰国後に様々な形態の美容室で経験を積んだ後、独立。2012年12月にCapullo.Coオープン。2013年10月に株式会社sette felicita設立。高生産性サロン運営で数々の売れっ子スタイリストを輩出し、自身も現役700万円プレイヤーの技術講師としても活動、サロン管理および教育を担う。

チーム力で生産性185万円！
顧客0《ゼロ》から創り上げる経営の仕組み

2021年6月25日　初版発行
2023年6月25日　第2刷発行
定価　3,080円（本体2,800円+税10%）

著者　森腰菜々絵・佐藤真由子［Capullo Group］
発行人　小池入江
発行所　株式会社女性モード社
https://www.j-mode.co.jp
本社／〒107-0062 東京都港区南青山5-15-9-201
Tel.03-5962-7087 Fax.03-5962-7088
支社／〒541-0043 大阪府大阪市中央区高麗橋1-5-14-603
Tel.06-6222-5129 Fax.06-6222-5357

印刷・製本　三共グラフィック株式会社
装丁　坂川朱音
本文デザイン　坂川朱音+田中斐子（朱猫堂）
構成　森 きわこ